명리학으로 풀어보는 내 삶의 내비게이션

명리학으로 풀어보는 내 삶의 내비게이션

초판 1쇄 인쇄일   2019년 10월 15일
초판 1쇄 발행일   2019년 10월 21일

지은이   고정숙
펴낸이   최길주

펴낸곳   도서출판 BG북갤러리
등록일자   2003년 11월 5일(제318-2003-000130호)
주소   서울시 영등포구 국회대로72길 6, 405호(여의도동, 아크로폴리스)
전화   02)761-7005(代)
팩스   02)761-7995
홈페이지   http://www.bookgallery.co.kr
E-mail   cgjpower@hanmail.net

ISBN 978-89-6495-145-3 03180

이 도서의 국립중앙도서관 출판시도서목록(CIP)은 e-CIP홈페이지(http://www.nl.go.kr/ecip)
와 국가자료공동목록시스템(http://www.nl.go.kr/kolisnet)에서 이용하실 수 있습니다.
(CIP제어번호 : CIP2019039568)

'왕초보' 사주 보는 법

명리학으로 풀어보는 내 삶의 내비게이션

고정숙 지음

음양오행으로 보는 성격진단

BiG 북갤러리

프롤로그

~~~

인간은 누구나 본인의 운명을 모르고 태어난다. 세상에 첫 발을 내디딜 때부터 본인의 의지와 무관하게 반드시 죽어야 할 운명이기도 하다. 이렇게 태어난 인간은 부모의 보호 아래 성장하고, 자라서는 성인이 되어 사회의 구성원으로 살다 삶을 마감하게 된다.

자동차를 타고 목적지를 향해 출발한다고 가정하자. 지도를 갖고 있거나, 내비게이션을 장착했다면 여정(旅程)은 대체로 수월할 것이다. 그런데 아무 준비 없이 인생 투어를 시작했다가 길을 잘못 들 때마다 사람들에게 묻고 또 물어서 방향을 바꾼다면 어떨까. 숱한 시행착오와 함께 헛된 투자에 따른 기회비용도 만만치 않을 것이다.

고시원에 묻혀 공부하는 사람들은 어떤가. 불굴의 도전 정신으로 고시에 합격해 운명을 개척하는 사람도 있겠지만, 개중에는 아무리 노력해도 합격이 어려운 사람도 있을 수 있다. 그런 경우라면 생각을 바꿔야 옳다. 타고난 본인만의 재능을 빨리 찾아 새로운 분야로 뛰어들어야 한다. 자신의 운명을 모른 채 오직 공부를 출세와 신분 상승의 지름길로 알고 자신과 지리멸렬한 싸움을 벌인다면 얼마나 소모적이겠는가.

명리학에 심취한 후 주변 사람과 그 가족들 사주까지 봐주는 일이 잦아지면서 필자는 관운이 없는 사람이 수년째 고시원에 묻혀 허송세월을 하는 사람도 보았다. 이들에게 본인의 운명을 쉽게 알아보는 방법, 또 자기만의 확실한 인생 지침을 갖고 사는 방법을 알려줘야 한다는 일종의 소명감도 느끼게 되었다. 효험 없는 부적 따위에 놀아나 헛된 돈을 날리고 한 번뿐인 인생을 낭비하는 일은 막아야겠다는 생각이 들었다.

경제가 어렵고 안정된 삶이 우선시되면서 요즘은 취업 준비생들이 너도나도 공무원 시험에 매달리는 웃지 못 할 상황이 벌어지고 있다. 명리학(命理學)은 수천 년 전부터 이어져 내려온 학문으로, 한자는 목숨 명(命), 다스릴 리(理), 배울 학(學)이다. 한자 그대로 풀이하면 '사람의 운명을 다스리는 학문'이라는 뜻이다. 이 책에서 명리학의 유래가 무엇이고, 어떻게 발전해 왔는지를 알려주는 것은 중요하지 않다.

정보통신의 발달로 지식은 넘쳐나지만 사람들은 아직도 사회생활을 하는 데 어려움을 겪고 있다. 그중 가장 힘든 것으로 한결같이 '대인 관계'를 꼽는다. 심지어 중 · 고등학교 학생들도 학교생활에서 가장 어려운 것이 '친구와의 인간관계'라고 말한다. 명리학은 나를 위한 공부이다. 오행에서 나의 성격을 알고 친구나 배우자의 성격을 안다면, 관계도 좋아지고 급증하는 이혼율도 낮추는 등 많은 도움을 받을 수 있을 것이다.

  사람들은 본인의 혈액형은 알아도 본인들이 어떤 오행을 가지고 태어났는지는 모른다. 아마도 명리학인 사주팔자를 미신으로 저급하게 치부하는 세태 속에서 나온 필연적인 산물이 아닐까 싶다.

  이 책은 본인의 사주팔자 구성을 알면 내 운명은 물론 주변 사람의 사주도 누구나 쉽게 볼 수 있도록 꾸몄다. 그렇더라도 사주팔자를 완전히 맹신할 것은 못 된다. 그냥 참고하면 되는 것이지, 사주팔자를 절대적인 것으로 여기고 과하게 의존하거나 스스로 노력을 게을리 하는 것은 어리석은 일이다.

자동차를 타고 미지의 여행지로 출발할 때 가장 든든한 동반자는 내비게이션이다. 그러나 경험해 본 사람들은 안다. 내비게이션이 때로는 도움도 되지만 가끔은 바로 가도 될 길을 돌아가게 안내한다는 사실을. 어느 정도 길을 알고 가는 것과 전혀 모르는 상태에서 내비게이션에 의존하는 것은 이처럼 분명 차이가 있다.

수십 년을 공부한 역술인들도 완벽하게 해석을 못 할 정도로 명리학은 그리 만만한 학문이 아니다. 그런 학문을 한 권의 책으로 정리하겠다는 것도 웃기는 이야기다. 그럼에도 이 책을 쓰기로 한 것은 자신의 사주팔자와 22개 한자 등 기초적인 것만 알아도 자신의 미래를 한눈에 조망할 수 있고, 일부 역학인들의 상술에 놀아나는 일은 없을 것이라는 판단이 들어서였다.

내 운명을 알고 사는 것과 모르고 사는 것은 인생의 질과 무게에 엄청난 차이가 있다. 역술에 깊은 지식은 없어도 간단한 원리만 이 책에서 익히면 나를 알고 상대도 알 수 있을 뿐만 아니라 인생의 내비게이션으로도 활용할 수 있다.

이것이 필자가 이 책에 도전한 가장 큰 이유이다. 부디 필자의 판단과 노력이 헛되지 않기를 바라며, 많은 사람들이 이 책을 통해 삶의 내비게이션을 장착하고 자유자재로 활용할 수 있기를 기대해 본다.

2019년 10월

海川 고정숙

목차

1. 음양(陰陽)과 오행(五行)

명리학은 음양(陰陽)과 오행(五行)을 중심으로 구성되어 있다. 오행은 나무[木], 불[火], 흙[土], 쇠[金], 물[水] 등 5가지이다.

음양이란 낮과 밤을 뜻하며, 천지(天地)간의 만물을 생성하는 두 개의 기(氣)이다. 우리가 흔히 쓰는 말을 한자로 풀어보면 그 뜻을 좀 더 확실하게 알 수 있다.

음과 양은 땅을 보면 쉽게 다가온다. 한자로 땅은 토(土)이다. 양을 뜻하는 十(열 십)과 음을 뜻하는 一(한 일)이 합쳐져 흙[土]이 된다. 즉, 양(十)과 음(一)이 합쳐졌을 때 모든 만물을 키워낼 적합한 토양의 조건이 성립되는 것이다.

해(陽)가 있으면 달(陰)이 있다. 남자는 양이고, 여자는 음이다. 남녀의 결합으로 인류가 번성하듯, 음양의 기운은 우리 인간들이 살아가는 데 꼭 필요한 기본요소이다. 이것이 명리학의 기본인 음양의 논리이다. 명리학은 사주팔자의 여덟 글자가 음과 양의 비율이 적절하게 조화를 이루어야 좋다고 설명한다.

그렇다면 오행은 무엇일까. 오행은 자연을 뜻한다. 명리학은 자연현상을 공부하는 것이라고 해도 무방하다. 사람들이 살아가기에 적합한 흙 토(土), 맑은 공기를 제공하는 나무 목(木), 나무가 자라도록 영양분을 공급하는 충분한 물 수(水), 식물의 탄소동화작용을 돕는 따뜻한 햇볕(火), 또 이것이 단단한 물질로 결실을 얻게 되는 가을을 뜻하는 쇠 금(金), 이 다섯 가지를 일컬어 오행이라고 한다.

이 중 한 가지라도 부족하다면 사람들이 살아가는 데 좋은 환경이 될 수 없다. 그래서 오행의 다섯 가지를 골고루 갖춘 사주팔자와 오행이 한쪽으로 치우친 사주팔자의 운명은 조금씩 차이가 난다.

2. 사주팔자란 무엇인가

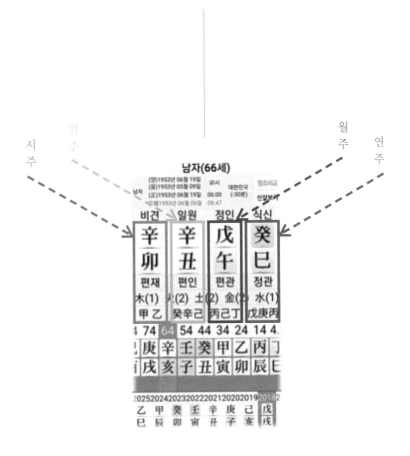

위 그림은 66세 남자의 사주 명조(明條)를 예로 가져온 것
이다. 명조란 사주팔자가 나와 있는 그림판을 가리킨다. 오른
쪽 첫 번째 癸巳(계사)라고 쓰여 있는 부분이 본인이 태어난

해[年]이다. 여기에 나오는 한자들은 따로 페이지를 할애해서 공부해 보기로 한다.

한자 초보자도 천간, 즉 윗부분에 오는 열 글자와 지지 아랫부분에 나오는 열두 글자, 총 22개의 한자만 익히면 본인의 사주팔자를 알아보는 데 큰 어려움은 없다.

보통 가장 오른쪽에 있는 줄은 본인이 태어난 해(연주)이고, 조상을 뜻한다. 오른쪽에서 두 번째 戊午(무오)라고 쓰인 줄은 본인이 태어난 달(월주)을 나타낸다. 육친(六親) 관계로는 부모님을 뜻하고, 사회성을 나타내기도 한다.

오른쪽에서 셋째 줄은 본인이 태어난 날(일주)이고, 辛丑(신축)은 본인을 의미한다. 각 개인의 성품과 운명을 알아보는 가장 중요한 것이 일주다. 여기에서도 辛(매울 신)이라고 적힌 윗부분은 본인을 나타내고, 丑(소 축)이라고 적힌 아랫부분은 육친 관계로는 배우자 자리가 된다.

辛卯(신묘)라고 적힌 왼쪽에 있는 줄은 본인이 태어난 시간(시주)을 뜻하며, 육친 관계로는 후손, 즉 자식을 나타내는 자리다.

이렇듯 맨 오른쪽 癸巳(계사)는 연주, 태어난 달을 뜻하는 두 번째 戊午(무오)는 월주, 태어난 날을 뜻하는 세 번째 줄 辛丑(신축)은 일주, 마지막 네 번째 줄 辛卯(신묘)는 시주가 된다. 각각의 줄은 하나의 기둥으로 본다. 본인이 태어난 연, 월, 일, 시, 기둥이 네 개라서 四柱(사주)라고 한다. 위의 명조에서 보듯 네 개의 주에는 모두 여덟 글자가 들어간다.

이것이 흔히 말하는 사주(네 기둥) 팔자(여덟 글자)라는 것이다. 사물에 비유하자면 각각의 물건에 바코드가 있는 것처럼, 사주팔자는 사람에게 부여된 바코드라고 생각하면 된다. 차례로 설명하면 연주는 초년기, 월주는 장년기, 일주는 중년기, 마지막 시주는 노년기, 즉 말년을 의미한다.

다음으로 천간에는 어떤 한자들이 있나 알아보자. 천간은 하늘로부터 부여받은 성품을 뜻한다. 두 글자 중, 위쪽에 있는 글자가 천간이다. 위의 그림에서 보면 연주의 癸(북방 계)가 천간이자 정신세계를 뜻하며, 아래의 巳(뱀 사)는 지지(地支)로 환경을 나타낸다.

시주	일주	월주	연주	天干(천간)
辛	辛	戊	癸	⬅
卯	丑	午	巳	⬅
				地支(지지)

오행 중 붉은색은 불[火]을 나타내고, 흰색은 쇠[金]를 뜻한

다. 초록색은 나무[木], 황토색은 흙[土]을, 회색은 물[水]을 뜻한다. 위와 같이 여덟 글자에 오행을 모두 갖고 태어난 사람은 복 받은 사람이다.

이처럼 오행의 균형을 그대로 사주 여덟 글자에 대입해 풀이하는 방법만 알아도 무속인이나 역술가들에게 귀중한 내 삶과 운명을 의존하는 어리석은 삶에서 벗어날 수 있다.

사주팔자의 개념이 이와 같다고 설명하면 많은 사람들이 이런 의문점을 던진다. "그렇다면 같은 해, 같은 달, 같은 날, 같은 시간에 태어난 사람들은 운명이 모두 같아야 되는 것 아닌가?" 하고 말이다.

먼저 이 부분에 대한 궁금증을 풀어보겠다. 똑같은 사주팔자를 가진 사람들을 한자리에 모아놓고 똑같은 음식 재료를 주었다고 가정해 보자. 그리고 그들에게 같은 시간을 주고 똑같은 음식을 만들게 한다고 가정해 보자. 음식 맛이 다 같을 수 있을까? 같은 사주팔자를 가진 사람들이 같은 재료, 같은 양념, 같은 시간, 같은 조건에서 같은 요리를 만든다고 해도 그 맛이 다 같을 수는 없다.

비록 같은 조건, 같은 재료이지만 음식의 맛은 천차만별일 수 있고, 그들의 손끝에서 만들어지는 미세한 차이가 음식의 완성도를 결정할 수도 있다. 이는 각자 개인의 다른 요리솜씨와 숙달도, 미각 등이 조리 과정에 작용했기 때문이다. 이것이 바로 환경적인 요소에 해당된다.

이처럼 같은 사주팔자를 타고났다고 해도 그들의 삶이 다 같을 수는 없다. 심지어 한날한시에 태어나 같은 환경 속에 살고 있어도 삶을 대하는 개인의 대처 능력과 지혜에 따라 달라질 수 있는 것이 운명이다.

태어난 날짜와 시를 바꿀 수 없듯, 천간과 지지에 자리 잡은 사주팔자도 바꿀 순 없다. 그러나 처해진 환경 요소들은 대처 방법에 따라 개인들이 얼마든지 바꿀 수 있다.

어려운 환경 속에 처해 있어도 긍정적인 사고로 대처하는 삶과 부정적인 사고로 대처하는 삶은 다를 수밖에 없다. 한날한시에 태어났다고 해서 절대로 같은 인생을 살아가는 것은 아니다.

이런 점을 종합적으로 살펴보면 어리석은 사람은 주어진 운명, 즉 사주팔자대로 살아가지만, 현명한 사람은 주어진 사주팔자를 뛰어넘어 본인의 운명을 바꿀 수도 있다는 것을 알 수 있다. 주어진 사주팔자를 뛰어넘으려면 내가 어떤 사주팔자를 받고 태어났는지를 먼저 알아야 한다. 그것은 절대 어렵고 난해한 것이 아니다. 누구든 이 책을 다 읽을 때쯤이면 본인 운명의 큰 흐름은 알 수 있게 될 것이다.

3. 하늘로부터 받은 성품 천간(天干), 사람이 살아가는 환경 지지(地支)

천간과 지지에 나오는 한자들은 누구나 학교 다닐 때 한 번쯤은 들어 봤을 것들이다.

天干(천간)   〈하늘로부터 받은 성품〉

甲	乙	丙	丁	戊	己	庚	辛	壬	癸
갑	을	병	정	무	기	경	신	임	계

地支(지지)   〈사람이 살아가는 환경〉

子	丑	寅	卯	辰	巳	午	未	申	酉	戌	亥
자	축	인	묘	진	사	오	미	신	유	술	해

사주팔자는 열 개의 천간과 열두 개의 지지로 구성되어 있다. 여기에서 천간은 하늘을 뜻하는 것으로 사람이 본래 태어날 때 하늘로부터 받게 되는 성품을 나타낸다. 지지는 땅을 말하며 사람들이 살아가는 데 중요한 환경적인 요소가 된다.

〈음양오행 표〉 – 천간(天干)

甲	乙	丙	丁	戊	己	庚	辛	壬	癸
+	−	+	−	+	−	+	−	+	−
양	음	양	음	양	음	양	음	양	음

〈음양오행 표〉 – 지지(地支)

子	丑	寅	卯	辰	巳	午	未	申	酉	戌	亥
−	−	+	−	+	+	−	−	+	−	+	+(−)
음	음	양	음	양	양	음	음	양	음	양	양(음)

일주를 중심으로 양이 사주팔자에 많으면 활달한 성향을 보이고, 음이 사주팔자에 많은 사람들은 소극적이며 내성적인 성향을 나타낸다.

여기에서 유념해야 할 것은 마지막 亥(돼지 해)는 바다와 같

은 큰물을 뜻하지만 음양으로는 음에 해당하고 사주에서는
양으로 보는 독자적인 형태와 의미를 지니고 있다는 것이다.[1]

1) 【서울=뉴시스】 전형일 · 명리학자 / 철학박사 2019. 1. 1.

4. 천간, 지지와 더불어 순환·발전하는 오행(五行)

1) 천간(天干)

甲	乙	丙	丁	戊	己	庚	辛	壬	癸
+	−	+	−	+	−	+	−	+	−
나무	나무	불	불	흙	흙	쇠	쇠	물	물

2) 지지(地支)

子	丑	寅	卯	辰	巳	午	未	申	酉	戌	亥
−	−	+	−	+	+	−	−	+	−	+	+
물	흙	나무	나무	흙	불	불	흙	쇠	쇠	흙	물

3) 한자 공부(天干)

구분	甲	乙	丙	丁	戊	己	庚	辛	壬	癸
뜻	갑옷	새	남녘	못	천간	몸	천간	매울	천간	북방
음	갑	을	병	정	무	기	경	신	임	계

4) 한자 공부(地支)

구분	子	丑	寅	卯	辰	巳	午	未	申	酉	戌	亥
뜻	아들	소	범	토끼	별	뱀	낮	아닐	펼	닭	개	돼지
음	자	축	인	묘	진	사	오	미	신	유	술	해
동물	쥐	소	호랑이	토끼	용	뱀	말	양	원숭이	닭	개	돼지

위에 나오는 22개의 한자와 그것이 속한 음과 양을 이해한 다면 기본적인 사주를 해석하는 데 전혀 문제가 없다. 천간은 10개, 각 오행이 음과 양 두 개씩으로 정해져 있지만, 지지는 12개라 흙이 4개로 정해져 있다.

이 원리를 설명하려면 전문가 수준 단계로 들어가야 하므로 여기서는 생략한다. 이 책의 목적은 일반인들이 쉽고 간단하게 본인의 사주팔자 구성을 알 수 있도록 하는 것이 기본 목적이다. 따라서 원리 설명은 깊이 있게 들어가지 않겠다. 깊이 있는 원리 설명은 독자들의 머리만 아프게 하여 흥미를 잃을 수 있으므로 꼭 필요한 기초 내용만 다룰 것이다.

역술인들은 명리학의 원리를 제대로 이해하려면 보통 10년 정도 공부해야 한다고 말한다. 일반인들은 한문학도 어려운 학문이라고 생각한다. 그러나 필자는 경북대 한문학과를 졸업하고 석사 과정을 마칠 때까지 한문학이 어려운 학문이라고 생각해 본 적이 없다. 오히려 인성을 다지는 주춧돌로 삼아 즐기며 한문학을 공부해 왔다.

반면 학업을 마친 후 접하게 된 명리학의 세계는 난이도가 최고의 학문이라고 할 만큼 어려웠다. 그나마 한문학을 전공했기에 일반 사람들보다는 이해가 빠른 편에 속했으면서도 원리를 이해하기엔 어려움이 많았다.

이때부터 현재 철학관을 운영하는 분들에게 궁금한 생각이 들었다. 과연 이 어려운 학문을 제대로 섭렵할 만큼 지대한 내공을 쌓았을까 하는 의문점이었다. 명리학은 10여 년간 한문학을 전공한 필자도 혀를 내두를 만큼 어려운 학문이다.

만약 그들이 이 개념을 확실하게 숙지해서 일반인들의 삶에 제대로 된 길잡이가 되어 주었더라면 지금처럼 명리학이 사회에서 주목받지 못하는 불명예는 없었을 것이라는 생각이 들었다. 필자는 수 십 년을 알고 지내온 일가친척이나 지인들을 대상으로 네 기둥 중, 자기 자신을 가리키는 일주 기둥의 일간 오행 성품과 명리학이 제시하는 오행의 성품을 관찰해 본 결과 일기예보 적중률 46%(환경부 국정감사 결과)를 훨씬 뛰어넘는다는 사실을 알게 되었다.

그럼에도 불구하고 일반인들이 인식하는 명리학은 아직도 미신으로 치부되는 수준을 벗어나지 못하고 있다.

음과 양은 사물의 근원이다. 남녀가 만나 살아가듯, 사람이 살아가는 환경도 음과 양의 순환과 조화로 이루어진다. 사주 팔자도 마찬가지다. 여덟 글자 속에서 그 비율이 적절하게 조화를 이룬다면 좋은 사주가 된다. 이와 같은 원리는 김만태 씨가 쓴《한국 민속 대백과 사전》음양오행에 잘 풀이되어 있다. 이해를 돕기 위해 중요한 내용을 조금 인용해 보기로 하자.

오행은 상생(相生)하고 상극(相剋)하면서 함께 순환·발전한다. '생'은 낳아서 자라도록 해준다는 의미이고, '극'은 함부로 움직이지 못하도록 통제한다는 의미이다. 이것은 '생'이 좋고 '극'이 나쁘다는 단순한 의미가 결코 아니다. 상생과 상극은 '상相(서로)'이 의미하는 것처럼 일방적이며 절대적인 관계가 아니라, 상호적이며 상대적인 관계이다. 상생과 상극을 가장 쉽게 이해할 수 있는 관계로는 부모와 자식 간의 관계를 들 수 있다. 즉, 부모가 자식을 낳아 건강하게 기르면서 한편으로 자식이 반듯한 인격체로 잘 자랄 수 있도록 꾸중을 하고 엄하게 자식을 다스리는 이치와 같다.

상생(相生)이란 일방적인 희생이나 도움이 아니라, 서로 돕고 살리며 더불어 살아가는 공생공존(共生共存)을 의미한다. 오행의 기본적 상생을 보면, 수는 목을 생하고[水生木], 목은 화를 생하고[木生火], 화는 토를 생하고[火生土], 토는 금을 생하고[土生金], 금은 수를 생한다[金生水]. 이를 초목에 비유하면, 씨앗[水]에서 싹이 움터 자라 줄기[木]가 뻗어나고[水生木], 나무줄기[木]는 그 끝에 잎과 꽃[火]을 활짝 피워내고[木生火], 나뭇잎 사이로 핀 꽃[火]의 암술과 수술이 수정해서 음양의 조화[土]를 이루고[火生土], 조화[土]의 결실로 성숙한 열매[金]를 맺으며[土生金], 열매[金]는 다음 생명을 기다리며 땅에 씨앗[水]을 떨어뜨려 묻어 두는 것[金生水]이다.[2]

---

2) ≪한국 민속 대백과 사전≫ 음양오행 金萬泰 갱신 : 2019. 01. 15.

5. 관계를 엿볼 수 있는 육친(六親)

비견(比肩) : 일간과 음양오행이 모두 같은 것

겁재(劫財) : 일간과 오행이 같으나 음양이 다른 것

식신(食神) : 일간이 생하는 오행으로 음양이 같은 것

상관(傷官) : 일간이 생하는 오행으로 음양이 다른 것

편재(偏財) : 일간이 극하는 오행으로 음양이 같은 것

정재(正財) : 일간이 극하는 오행으로 음양이 다른 것

편관(偏官) : 일간을 극하는 오행으로 음양이 같은 것

정관(正官) : 일간을 극하는 오행으로 음양이 다른 것

편인(偏印) : 일간을 생하는 오행으로 음양이 같은 것

정인(正印) : 일간을 생하는 오행으로 음양이 다른 것

1) 인성(정인 / 편인)

명리학에서 흔히 접하게 되는 단어가 육친관계다. 일간(日干)을 위주로 각 오행마다 명칭이 달라지는데 서로 상생관계

에서 살펴보면 물이 나무를 자라게 하는[수생목 水生木] 관계에서, 일간을 나무로 본다면 물은 나무에게 인성이 된다. 즉, 인성(印星)이란 정인과 편인을 합하여 부르는 말이다. 정인은 일간의 오행에서 음양이 서로 다른 것을 말하고, 편인은 음양이 같은 것을 뜻한다.

인성은 나를 도와주는 육친이라고 이해하면 된다. 나무에 물을 줘서 자라는 데 도움을 주듯이 헌신적으로 자식을 기르는 어머니의 마음을 생각하면 된다. 또는 배움과 학문, 스승을 뜻하기도 하며 사주팔자에서 인성이 잘 자리 잡고 있다면 인덕이 있다는 뜻이다. 그러나 모든 오행은 적절한 비율로 골고루 있을 때 가장 좋다.

(1) 정인(正印)

정인은 일간을 도와주는 오행 중 음양이 다른 것을 말한다. 다른 말로 인수라고도 한다. 즉, 나를 낳아 주고 아무런 대가 없이 도와주고 길러 주는 어머니 같은 존재다. 후원자, 귀인, 스승, 학문, 책, 문서, 서류, 지혜, 지식 등이 정인에 해당한다.

성격은 학자와 선비 타입이며, 두뇌가 총명하고 학문적 자질도 있다. 탐구심이 강하고 노력가이다. 예절과 덕망을 갖추고 있어 예술, 교육, 자선, 육영 사업 등이 적성에 맞는다. 남녀 모두 어머니(生母)에 해당하며, 자비심도 있고 의리와 인정도 많아 반듯한 사람들이 많은 편이다.

(2) 편인(偏印)

편인은 일간을 도와주는 오행 중 음양이 같은 것을 말한다. 일명 효신(梟神), 도식(倒食)이라고 부르는데, 이 말은 편인의 특성을 한마디로 표현한 것이다. 효신이란 올빼미를 뜻하는데 올빼미는 낮에는 잠을 자고 밤에 활동하며, 자기 자식을 잡아먹고 부모에게 불효하는 대표적인 새이다. 도식은 밥그릇을 뒤엎는다는 뜻으로 배신이나 실패, 질병, 부도, 파직, 실직을 의미한다. 즉, 이 말은 양명(養命)의 신(神)인 식신(食神)을 극하고 내 재산을 겁탈하는 겁재의 작용을 돕는다는 뜻이다.

정인이 순수하고 오래가지만, 편인은 편파적이거나 일시적이며 겉과 속이 다를 수 있다. 남녀 모두 계모, 어머니 형제, 할아버지에 해당한다. 여자에게는 사위와 손자, 남자에게는 외손녀를 뜻한다. 편인은 머리 회전이 상당히 빠르다. 상대방의 태도에 따라 재빨리 대책을 강구하는 임기응변의 명수이다. 한번 마음먹은 일은 누가 무슨 말을 해도 밀어붙이는 경향이 있다.

　다방면으로 재능이 있어 각종 기술자, 역술인, 연예인, 언론인, 의사, 기능인, 체육인, 예술인 등이 많다. 연구나 발명 쪽으로도 탁월한 재능을 가지고 있다. 성격은 조급하거나 완고한 독특한 면이 있다. 독립심은 강하나 자기 과신이 지나쳐 적을 만들기 쉽다. 또 진취력이 남보다 몇 배 왕성하나 곧 식기 쉬운 경향이 있다. 그러나 초지일관(初志一貫)하면 크게 성공할 수 있다. 이런 사람은 자기 수양에 힘써서 원만한 인격을 갖추도록 노력하는 것이 중요하다.

　오행은 각각 두 글자씩 있으면 모두 10개가 된다. 그러나 사주팔자에는 여덟 개의 공간밖에 없으므로 각 오행이 2개씩 있고 나머지 오행 두 글자가 대운(大運)[3]이나 세운(歲運)[4]에

---

3) 인간이 이 세상에 태어나서 생을 누리고 사망하기까지 하늘에서의 큰 적기(適期)로 돌아오는 운명이다. 사주에서 후천운은 대운과 세운으로 구분할 수 있다. 대운은 10년마다 자연의 섭리로 돌아오는 천(天)의 기(氣)이다. 곧 대운은 그 연대 연대의 사주의 연장으로 볼 수 있을 정도로 개인의 후천 운세에 미치는 영향이 큰 것이다. 현재부터 맞게 될 대운이 사주에 대하여 길할 경우에는 향록운(向祿運)이라고 하며 현재부터 맞게 될 대운이 사주에 대하여 흉할 때에는 배록운(背祿運)이라 한다. [네이버 지식백과] 대운[大運] 《역학사전》, 2006. 2. 10., 노영준)

4) 세운(歲運) : 매년 맞이하는 해마다의 운세, 즉 일 년 운을 뜻한다.

서 들어와 주면 가장 좋은 상황이 된다.

전체 여덟 글자 중 2개 이상 인성이 있으면 인성 태과(太過)형, 즉 인성이 넘친다고 한다. 남자의 경우 인성이 많으면 '마마보이'라 불리지만, 여자가 인성이 많으면 여성스럽고 정(情)도 많아 보여 나쁠 건 없다. 그러나 여덟 자 구성 중에서 인성이 없으면 인덕이 없어 내가 베푼 만큼 돌아오는 것이 없다. 반면 대운이나 세운에서 인성이 들어오는 해가 있는데 그럴 때는 예외다.

2) 식상(식신 / 상관)

(1) 식신(食神)

식신(食神)과 상관(傷官)을 묶어서 식상이라고 한다. 식신은 일간이 도와주는 오행으로 음양이 동일한 경우이고, 상관은 음양이 다른 것을 뜻한다. 식신은 한자어로 보면 밥 먹는 신이다. 먹을 복이 있음을 뜻하고 좋은 운으로 작용한다.

일간과 오행은 다르지만 음양이 동일한 것이 식신이다. 예를 들어 일간이 나무라면 나무가 도와주는 것은 불이다. 나무는 땔감이 되어 불이 활활 타오르도록 도와준다. 이런 상생관계를 식상이라고 한다. 여자의 사주팔자에서 식상이 자식인 원리가 바로 여기에 있다. 자신의 모든 것을 희생해서 자식이 자라도록 도와주는 것이 어머니의 사랑이다. 육친 관계를 이해하면 식상은 쉽게 이해가 될 것이다.

여자에게는 내가 생산하는 자식이 되고, 남녀 모두에게는 자기의 기운을 빼앗아 가는 것이 된다. 의식주 등 생활에 필요한 재물을 얻는 육체 활동이나 경제 활동 등 본인의 재능과 감성계를 발휘하는 능력을 뜻한다. 식신의 성격은 그 이름에서 나타나듯, 식록을 주관하고 있는 복덕신(福德神)이다. 사주팔자의 구성에서 식신이 잘 자리 잡고 있으면 평생 먹고 살 걱정은 하지 않아도 된다. 반면 이 좋은 식신도 사주팔자의 구성에서 너무 많은 비중을 차지하면 앞에서 말한 장점은 사라지고 오히려 단점으로 변해서 화(禍)가 될 수도 있다.

(2) 상관(傷官)

일간이 도와주는 것으로 오행도 다르고 음양이 다른 것을 상관이라고 한다. 상관은 정관을 해치고 상하게 한다는 뜻이다. 남자에게는 자녀와 명예, 직장이요, 여자에게는 남편에 해당하는 정관을 상하게 한다고 해서 대단히 치명적인 것으로 사흉신(四凶神) 중 하나로 불린다.

그러나 상관이 이렇게 나쁜 뜻만 있는 것은 아니다. 상관이 있으면 예리한 관찰력과 추리력, 연구 등 다방면에서 다재다능하며 예술적 자질이 뛰어나다. 또 입에 힘이 들어 있어 화술 (話術)과 강의, 연설 능력이 뛰어나기도 하며, 활달한 활동성을 뜻한다.

상관의 성격은 총명하고 추리력과 화술이 좋으며 재능도 뛰어나다. 단점은 말이 많거나 비판적이며, 아무 일에나 나서서 관여하기를 좋아한다. 승부욕이 강한 반면에 보스 기질도 있다. 자기를 믿고 따르는 사람이나 약한 자를 위해서는 주머니를 털어서라도 끝까지 뒤를 밀어주는 희생과 봉사 정신이 뛰어나고, 동정심이 강하다.

상관의 단점은 자화자찬이 지나쳐 오해와 비방을 사기 쉽다는 점이다. 남에게 실컷 잘해 주고 입으로 공을 깎아내릴 정도로 말이 앞서는 스타일이다. 상관의 소유자는 남을 얕잡아 보는 오만한 태도와 허영심만 버린다면, 자신의 재능을 최대한 발휘할 수 있을 정도로 총기가 있어 조금만 노력하면 남보다 몇 배로 쉽게 두각을 나타낼 수 있다.

3) 비겁(비견 / 겁재)

(1) 비견(比肩)

일간을 중심으로 오행도 같고 음양이 같은 오행을 말한다. 비견이란 일간과 동기 동성으로 갑(甲)이 갑(甲)을 보거나 을(乙)이 을(乙)을 보면 비견이 되는데 이것은 일간과 대등하게 상대할 수 있다는 뜻이다. 비견은 육친의 관점에서 보면 형제자매를 일컫고 친척, 친구, 동업자 등으로 본다. 천간과 지지에 비견이 많으면 고집이 센 성격으로 보기도 하고, 많은 무리를 거느릴 수 있는 리더의 자질을 타고났다고도 본다.

비견의 성격은 자존심이 지나치게 강해 타인의 지배나 간섭 받기를 싫어한다. 특히 남에게 지거나 뒤에 처지는 것은 물론, 남에게 굴복당하는 것을 싫어한다. 운동이나 공부, 유행이나 일상생활에서 항상 앞서가려는 욕망이 강한 특성이 있다. 의지가 굳고 독립정신과 개척정신이 강해서 다른 사람에게 의지하지 않고 매사를 자기 뜻대로 결행한다. 반면에 융통성이 없어 자기주장만을 고집하며, 남의 의견은 아예 귀를 기울이지 않는 성격이다.

위엄과 자기 위주의 지배적인 스타일이라 부부 사이가 원만하지 않고 다툼이 잦을 수 있다.

(2) 겁재(劫財)

겁재는 일간과 오행은 같으나 음양이 서로 다른 것을 말한다. 정재(正財)와 서로 충돌하여 정재를 때려 부수는 형국이다. 글자 그대로 나의 재(財)를 빼앗아 간다는 뜻이다. 비견에 비하여 흉함이 많고, 모든 일에 중화를 상실해 강제성을 띤 형태로 나타난다. 비견이 양성적이라면 겁재는 음성적이다. 따라서 자존심을 노골적으로 드러내지 않고, 대인 관계도 비교적 원만하다. 비견이 노골적으로 자신의 주장을 드러낸다면, 겁재는 양보를 해야 할 때 서슴없이 양보도 할 줄 안다.

반면에 근본은 비견과 같아 자존심이 강하고 독선적인 면이 있다. 그러므로 자아를 표면에 노출시키지는 않지만 내면은 냉혹한 면도 있다. 집념이 대단히 강하고 배짱도 있어 한번 올바른 길을 정하고 나가면 놀랍도록 끈기 있게 밀어붙이는 추진력이 있다. 사주팔자의 구성에서 겁재가 좋은 작용으로 자리 잡고 있다면 많은 무리를 이끌어가는 리더의 역할을 해

낼 수 있다. 단 누군가의 부탁을 거절하지 못하는 약함도 공
존하고 있어 돈 관리에 특히 신중해야 할 것이다.

4) 재성(정재 / 편재)

(1) 정재(正財)

일간이 극해서 취하는 재물로 일간과 오행도 다르고 음양도
다른 것을 정재라고 한다. 예를 들어 일간이 오행 중에 붉이
라면 불은 쇠를 녹일 수 있으니 이 경우는 쇠에 해당하는 오
행 중 음양이 서로 다른 것이 정재가 된다.

정재는 글자 바를 정(正)에서 보여주듯, 본인이 성실하게 노
력하고 근검절약하여 취득한 재물을 뜻한다. 공무원 또는 직
장인이 정기적으로 받는 보수, 장사나 기업 활동을 통하여 번
정당한 이윤 등이 이에 해당한다. 정재는 근면 성실과 안정
그리고 신용을 뜻한다.

항상 바르게 살고자 노력하는 형이지만, 단 사주 원국에 비
겁이 있어 정재를 통제하면 타고난 복록이 억제당할 수 있으
니 사주 전체의 흐름을 잘 살펴야 한다.

육친의 관점에서 재성(財星)은 여자에게는 시어머니, 아버

지, 재물을 뜻하고, 남자에게는 아버지, 여자, 아내, 재물 등을 뜻한다. 대인 관계도 원만하고 가정에서도 좋은 남편, 좋은 아내, 좋은 부모가 될 수 있는 선천적인 자질을 타고난 사람이다.

(2) 편재(偏財)

편재는 일간과 오행은 다르지만 음양이 같은 것을 말한다. 정재가 음양의 조화를 이룬 정상적인 것이라면, 편재는 정상적인 이익을 초과하여 챙기거나 편법, 투기, 부정한 방법으로 벌어들인 재물이나 부도덕한 애정 상대 등으로 본다.

정재는 본인의 노력으로 근면 성실하게 모은 재산이지만, 편재는 재산을 모으는 과정에서 비난, 원성, 질투, 시기, 경쟁, 공갈, 사기, 협박 등 강제성이나 불법이 따를 수 있다. 사회적으로는 투기, 도박, 뇌물, 횡령, 밀수와 관련된 활동이나 거기에서 나온 재물도 포함되며, 의외의 횡재를 가져다주는 주식, 부동산 투기, 고리대금 등도 이에 해당된다.

장점은 사교성이 좋아 친구도 많고, 의협심과 동정심이 많다. 의리를 중히 여기고 재물을 가볍게 생각해 남에게 돈을 잘 빌려주기도 한다. 매사에 요령과 수완이 좋아 거래나 외교에 탁월하며 성격이 호탕해 친구나 애인으로 사귀기에는 최상의 타입이다.

단점은 풍류와 낭비벽이 심할 수 있고, 친구나 주변 사람들과 어울리기를 좋아하며, 매사에 주의하지 않으면 남녀 모두 사치나 유흥, 이성, 도박 문제로 말썽을 일으킬 수 있으므로 조심해야 한다. 일간에 편재를 깔고 있다고 해서 반드시 재물이 많고 재복이 좋은 것은 아니다. 오히려 실속이 없고 금전 손실이 빠르게 나타나는 경우도 있다. 남성의 경우는 돈도 있고, 여복도 있을 수 있지만 여성의 경우는 돈복은 있으나 남편 운이 약해질 수 있다.

5) 관성(정관 / 편관)

(1) 정관(正官)

관(官)이란 일간을 극하는 것으로, 일간과 오행도 다르고 음양도 다른 것을 정관이라 한다. 정관의 성격은 질서와 예의를 존중하고 준법 생활을 하는 사람으로, 용모단정하고 재물보다는 명예를 중히 여기며 원리 원칙만을 고수하는 성향을 보인다.

관(官)은 벼슬 외에 '본받아 따르다'라는 의미도 있다. 사회적으로 보면 규범, 법칙, 질서, 도덕, 법이 되고, 신용과 책임감이 강해서 무책임한 행동을 한다거나 남에게 폐를 끼치는 일은 하지 않으니 친구나 부하 직원 중에 이런 유형의 사람이 있으면 매사에 마음이 든든할 것이다.

여성에게 정관은 남편을 의미하며 월지에 정관이 자리 잡고 있으면 현모양처의 자질을 선천적으로 가지고 있다. 남편이 돌보지 않아도 가정 일을 맡겨 놓고 안심하고 밖에서 일할 수 있게 하는 유형이다. 남자에게는 자식과 명예, 직장이 된다. 정관이 사주팔자에 어떻게 자리 잡고 있는가는 매우 중요하다.

(2) 편관(偏官)

일간과 오행은 다르지만 음양이 같은 것이 편관이다. 편관의 장점은 용감하고 강직하며 투쟁심과 의협심이 강하다. 단점으로는 권력과 명예를 한 손에 움켜잡는 권세의 화신이 되기도 하며, 아무 일에나 관여하기를 좋아한다. 사소한 일을 가지고도 상사에게 대들거나, 예절과 질서 등을 어지럽히는 까닭에 칠 살(殺)이라고도 한다.

편관은 남자에게는 자식(아들)이나 후계자가 되고, 여자에게는 남편이나 남자 친구 또는 애인이 된다. 편관의 성격은 의리와 인정을 소중히 여긴다. 의협심이나 투쟁심이 강하여 강자를 꺾고 약자의 편이 되어 약자를 돕는다. 자기보다 훨씬 강한 대상에 대항하는 강인한 면도 있다.

만약 여자에게 편관이 있다면 여걸과 같은 기질을 다분히 가질 수 있다. 영웅적이고 보스 기질도 있어 자기에게 도움을 칭해 오면 이해득실을 가리지 않고 희생적으로 힘이 되어 주고 도와준다. 반면에 상대방이 자신을 이용하려 들거나 억압하려 하면 수비형에서 공격형으로 바뀌어 절대 그냥 두지 않는 스타일이다.

두뇌도 뛰어나고 남을 꿰뚫어 보는 눈도 날카롭다. 인정에 끌리지 않는 냉철한 성격의 소유자이며 기회를 보는 눈도 예리하고 결단력과 실행력도 있다. 반면에 호불호(好不好)가 지나치게 분명해서 손해를 보는 수가 많다. 여성의 경우는 가정에만 있으면 여걸 기질이나 폭발적인 성격이 문제가 될 수 있으므로 밖에 나가 활동하는 것이 가정의 평화를 위하는 길이다.

★ 육친관계 상세 도표

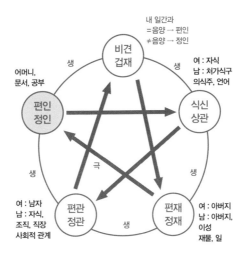

이상으로 육친 관계를 알아보았다. 명리학에서 육친 관계와 음양오행을 뜻하는 한자어들을 깨우쳤다면 그것만으로도 철학관이나 점쟁이들을 찾아가지 않고도 본인들의 운명을 어느 정도 알 수 있다. 여기에서 한 걸음 더 나아가 공부해야 할 것은 지장간(地藏干)이다. 지장간은 한자 그대로 땅 밑에 감춰진 천간이다. 다시 말해 여덟 자 가운데 들어 있지 않고 그 아래 들어 있는 오행들을 뜻한다. 역학인들은 지장간에 들어 있는 오행이 그 사람의 내면세계라고 설명한다.

★ 지장간(地藏干)

구분	子	丑	寅	卯	辰	巳	午	未	申	酉	戌	亥
뜻	아들	소	범	토끼	별	뱀	낮	아닐	거듭	닭	개	돼지
음	자	축	인	묘	진	사	오	미	신	유	술	해
지장간	壬癸	癸辛己	戊丙己	甲乙	乙癸戊	戊庚丙	丙己丁	丁乙己	戊壬庚	庚辛	辛丁戊	戊甲壬

여러 가지 천간의 기운을 간직하고 있는데, 밖으로 드러나지 않고 지지 안에 감추어져 있다고 해서 지장간(地藏干)이라고 한다. 천간(天干)이 태어날 때 하늘로부터 받은 천성(天性)이라면 지지(地支)는 사람이 살아가는 환경을 뜻한다. 지장간(地藏干)은 환경 속에 숨어있어 겉으로 드러나지 않은 내면(內面)세계라고 본다.

사주팔자에 없는 오행이 지장간에 있다면 사주팔자에 있는 것과 같이 본다. 물론 본 명조에 있는 것보다 발휘하는 힘이 약할 수는 있지만, 아주 없는 것보다 있는 것이 모든 면에서 좋다. 지장간의 구성요소들은 평상시에 활동하는 것이 아니라 본 명조와 십 년 대운, 또는 일 년 운에서 만나는 오행의 글자들과 상충(相沖)할 때 튀어나와 작동한다고 역학인들은 설명하고 있다.

6. 만세력 보는 법

①번 계묘(癸卯) 기둥을 10년 大運(대운)이라고 부른다. 각
각의 사람마다 계산법이 다르지만 요즘은 만세력을 통해 본

인의 10년 주기 대운을 누구나 쉽게 알 수 있다. 일반인들은 굳이 어려운 계산법을 배우지 않아도 된다는 말이다. 10년 대운이 어떤 사람은 5로 시작되고, 또 어떤 사람은 10으로 시작되는 등 1에서 10까지 개인마다 다르다. 위 그림은 여자의 명조로 10년 대운 주기가 10으로 시작됨을 알 수 있다.

②번 기해(己亥)는 일 년 운을 나타내며, 우리가 일반적으로 알고 있는 사주팔자는 실제 10년 대운과 일 년 대운을 합쳐서 6주 8자로 풀어야 제대로 풀 수 있다.

만세력 표를 찾아보는 방법은 아주 간단하다. 휴대전화에서 '무료만세력'을 다운받아 실행하면 된다. 만세력을 다운 받았으면 아래 그림과 같은 창에 순서대로 정보를 입력한다.

우선 이름부터 쓰고 그 다음 해당하는 성별(남자/여자)에 체크를 한 다음, 생일이 양력인지 음력인지 선택한다. 이때 윤달에 태어난 경우는 음력윤달을 선택해야 한다. 출생 정보에는 '서기로 입력' 아래에는 본인이 태어난 연도(○○○○)와 월(○○), 일(○○)을 기재한다.

　'시(時) 입력' 칸에는 그림처럼 '간지 입력'으로 체크하고 아래에 朝子시 옆 귀퉁이에 있는 세모를 클릭하면 다음과 같은 그림이 나온다.

위 그림에서 본인의 태어난 시간대를 선택한 후 아래쪽 가운데에 있는 '조회하기'를 누르면 찾고자 하는 만세력 정보가 뜬다.

이와 같이 해서 최종적으로 뜬 창이 바로 4주 8자이다. 이 것은 乙卯(을묘)년 庚辰(경진)월, 甲午(갑오)일 癸酉(계유)시 에 태어난 남자의 사주이다. 아직 한자가 뜻하는 오행이 익숙 하지 않다면 색깔과 자연 형상으로 이해해도 된다.

위의 사주를 보면 나무를 가리키는 초록색이 세 개가 있다. 보통 여덟 글자 중에 세 개 이상을 차지하는 오행이 있다면 그 오행이 태과(太過), 다시 말해서 지나치게 많은 것이다.

네 기둥 중에서 성격을 알아볼 수 있는 기둥은 오른쪽에서 세 번째, 즉 태어난 날인 일주 기둥이다. 위의 사주는 甲午(갑오) 기둥이므로 이 사람은 갑목(나무)의 성격임을 알 수 있다. 이렇게 해서 나온 10가지 천간을 토대로 그 사람의 성향을 유추해볼 수 있다. 사주팔자를 넣어서 나온 천간을 가지고 그림과 함께 어떤 유형의 사람인지 알아보기로 하자.

7. 그림으로 보는 천간의 형상과 특성

1) 갑목(甲木) – 목소리가 크고 진취적인 미래지향적 지도자형

갑목은 첫 번째 천간이며 양(陽) 목으로 만물이 생육하는 시작이요, 머리가 된다. 갑(甲)의 글자 모양은 아래 사진처럼 큰 고목나무로 형상화할 수 있다.

갑(甲) 목의 형상

갑목은 앞의 그림에서도 알 수 있듯, 항상 위로 우직하게 올라가는 형상이다. 남보다 높게 올라가고 싶어 하고, 남들로부터 구속받는 것을 싫어하며 남에게 굽히지 않는 성격이다. 강직하고 꿈과 이상도 크며 우두머리 기질도 다분하지만, 너무 직선적인 성격이어서 때로는 사람들의 공격 대상이 되기도 한다.

위로만 향하고 좌우와 주변을 돌아보는 융통성이 부족한 면도 있다. 그러나 인간적인 면에서는 너무 순수하고 정직해 사람 좋다는 소리를 듣는다. 갑목은 뒤끝이 없다. 심하게 다투지 않은 이상, 시간이 지나면 다투었던 상대하고도 다시 아무 일 없었던 것처럼 친하게 지내는 소탈한 성품이다.

《三命通會(삼명통회)》를 보면 갑목의 성격을 "甲木爲雷(갑목위뢰, 갑목은 우레다)"라고 표현하고 있다. 갑목은 목소리가 큰 것이 특징이다.

반면에 갑목 일간은 좌우를 살피지 않고 직진하는 습성이 있다. 그래서 어느 대기업 총수는 운전기사를 뽑을 때 사주팔자의 일간이 갑목인 사람은 운전기사로 적합하지 않다면서

채용하지 않았다는 일화도 전해진다.

2) 을목(乙木) - 환경에 잘 적응하고 생존 능력이 뛰어난 유연형

을목은 갑목을 기둥 삼아 뻗어 가며 살아가는 넝쿨, 또는 환경 적응력이 뛰어난 잡초의 형상이다. 실제 을목 일간으로 태어난 사람들은 생활력이 강하고 성격은 부드럽게 휘어진 풀처럼 부드러우며 유연한 사람들이다. 갑목에 의지하며 살아가는 형상에서 보듯이 갑목이 리더형이라면, 을목은 참모형에 해당된다. 이를 일컬어 흔히 매스컴에서 '갑을 관계'라고 하는데 여기에서 유래된 말이다.

을목의 성향은 산을 좋아하며 집에 있으면 몸이 아플 정도로 돌아다니는 것을 즐긴다. 실리(實利)를 추구하고 매우 현실적이며 본인의 목적 달성을 위해서는 자존심을 굽힐 정도로 융통성이 있다. 갑목이 直(직)이라면, 을목은 曲(곡)에 해당한다.

을(乙) 목의 형상

乙의 한자를 보면 옆모습이 트여 있음을 알 수 있다. 이것은 입이 열린 모습이라고도 하며, 대개 을목 일간들은 화술이 뛰어나다. 뒤끝이 없는 갑목 일간에 비해 을목 일간은 반대로 뒤끝이 꽤 오래가는 편이다. 그러므로 을목 일간들에게 원한을 살 만한 일을 하면 평생 미움 받을 각오를 해야 한다. 반면에 그들의 눈에 벗어날 행동만 하지 않는다면 더없이 상냥하고 인간성 좋은 것이 을목 일간의 특성이다.

3) 병화(丙火) – 솔직, 적극적, 직설적, 친밀감, 화통, 뒤끝 없는 형

병(丙) 화의 형상

병화는 위 그림에서도 알 수 있듯이 양면성을 갖고 있다. 첫째는 떠오르는 태양과 같은 존재로 마음이 따뜻하고 다정다감하며 자신의 속내를 쉽게 드러낼 만큼 순수한 면이 있다. 사물을 보는 눈도 높은 편이며, 매사에 정열적이고 마음이 따뜻하다. 따라서 병화는 사회 복지 쪽이나 봉사 활동을 잘할 수 있다.

단점으로는 한번 화가 나면 그 불길을 걷잡을 수 없을 정도로 폭발력이 대단하며, 자기 기분이 내키는 대로 말하는 성향도 있다. 성격이 매우 급해서 경솔하게 비쳐질 때도 있다. 만약 병화 일간이 오(午)시에 태어났다고 하면 활동력이 넓어 가만히 앉아서 하는 일은 적성에 맞지 않는다고 보아야 한다.

병화는 다른 사람의 옳고 그름에 대한 판단력이 명확하며, 예의를 중요시한다. 솔직담백하지만 확산의 기질이 있어 과장(誇張)이 심할 수도 있다. 남자의 경우 팔방미남이 많고 주위에 여자들이 항상 많이 따라 이성(異性)과의 구설수에 오를 수 있으므로 신중히 처신해야 한다.

감정 처리가 빠르고 낙천적이며, 사주팔자 중에 병화가 많으면 사치가 심하고 오만할 수도 있다. 병화 주변에 수(水)가 있다면 급한 성격을 제어하는 등 단점을 보완할 수 있다.

만약 직장 상사가 병화 일간이라면 시키는 업무는 무조건 빨리 처리하되, 그게 안 되면 중간에 진행 사항을 보고해서 급한 성격에 불을 지피는 일은 최소화해야 한다.

4) 정화(丁火) – 배려 잘하고 예와 형식을 중시, 여성스러운 형

정화(丁火)의 형상

병화의 아름다움이 화려함이라면 정화의 아름다움은 위의 그림처럼 청순하고 은은한 아름다움이라고 할 수 있다. 병화는 빛을 발하여 나무를 자라게 하나, 정화는 나무를 태워 불을 살리는 심지와 같은 역할이라 그 형체가 분명하다.

초가 자신을 태워 주변을 밝히듯 병화는 희생정신이 강하며, 태워 없애는 소멸의 의미와 쇠를 녹여 쓸모 있는 물건을 만들어 내는 생산의 의미가 있다.

  병화는 떠오르는 태양과 같은 에너지라 널리 확산되는 기운을 가지고 있다. 반면, 정화는 촛불, 전깃불, 모닥불처럼 기운이 응축되어 있어 병화에 비해 실속이 있다. 겉으로는 유약해 보이나 내적으로는 강하며 순간적인 집중력이 뛰어나다. 창의적이고, 매사에 자상하고 정서적이며 섬세한 성격으로 예술석 재능을 타고 나서 무(無)에서 유(有)를 이뤄낸다. 정화 옆에는 병화가 없는 것이 좋다. 어둠을 밝히는 것이 정화의 역할인데 옆에 밝은 병화가 있다면 자신의 존재가 드러나지 않는다. 단점으로는 음간이라 소극적인 면과 결벽성이 있고, 지구력과 끈기가 부족한 점을 들 수 있다.

5) 무토(戊土) – 믿음직, 보수적, 우직, 주체의식이 강한 형

무토(戊土)의 형상

양토인 무토는 다듬어지지 않은 큰 태산과 같은 물상이다. 태산은 크고 묵직하며 그 형태가 변하지 않고 산의 기운이 한 가운데로 머무는 것처럼 하나를 집중하면 다른 곳에 한눈팔지 않고 정진하는 장인의 모습과도 닮아 있다. 목, 화, 금, 수를 연결하여 중화하는 일주로 중용, 믿음, 신뢰, 포용력도 있다. 대인 관계에서는 분쟁에 끼어들어 중재자 역할도 잘한다. 너그러우며 관대하고, 우직하고 듬직하며 실천력도 강한 편이다.

태산은 흙을 파 들어가기 전에는 그 속을 알 수 없다. 무토 역시 자기감정을 남에게 쉽게 내보이지 않는다. 매사에 신중하고 세밀하게 생각해 정세를 깊이 파악하여 오류를 잘 범하지 않는다. 그러나 상대를 한번 믿으면 끝까지 믿는 경향이 있어, 사기에 말려들 수도 있으니 보증서는 일 등은 각별히 주의해야 한다.

　태산의 무게만큼 중후한 기상을 가지고 태어나서 조직의 리더 격이며 모든 조직의 중심에 있는 경우가 많다. 남성의 경우 무던하고 털털하며 독립심도 강한 반면, 자존감과 자신감이 강하고 배짱도 있으며 보수적이고 고집스러운 면도 있다. 여자가 무토라면 무뚝뚝하고 애교는 없지만, 남편에게는 무던하게 잘하는 편이다. 사주팔자에 무토가 세 개 이상 있으면 고집이 세고 성격 기복이 심할 수도 있다.

6) 기토(己土) - 역마, 돌아다니기를 좋아함. 뛰어난 언변형

기토(己土)의 형상

기토의 형상은 비옥한 땅의 물을 머금은 습토와 같다. 초목과 곡식을 배양 발육시키며 모든 사물을 잘 자라게 하는 기운이 있다. 기토 일간을 가진 사람은 어떠한 조건에서도 적응력이 뛰어나고 안정적이다. 기름진 땅에 씨앗을 심으면 식물이 뿌리를 잘 내린다. 사물을 수용하는 포용력이 있으며, 이해와 자비심도 많다. 성품이 선량하지만 강인한 면과 때로는 희생적인 면도 있다. 조용하고 내성적인 성격이어서 겉으로는 나약해 보일 수 있지만 내면이 강한 외유내강(外柔內剛)형이다. 지혜롭고 순발력도 있다.

 땅은 그 위에 심어진 나무로 평가받듯이 기토는 혼자 어떤 일을 성취하는 것보다 사람들을 도와서 함께 동반성장하는 것이 좋다. 예를 든다면 가르치는 교육 계통이 좋다. 목, 화, 금, 수를 연결하는 기토는 도량도 넓고 이상이 높으며 정의감이 강하다. 자기 관리를 잘하는 편이라 상대가 함부로 대하지 못하는 면도 있다.

 자기중심적인 면도 있고 보수적이어서 본인의 속내를 잘 드러내지 않는다. 매사에 느긋하고 침착하며 중립적이라 대인관계도 좋은 편이다. 이것저것 끼어들기도 잘해 주위의 빈축을 사기도 하지만, 금방 친하게 지내는 등 사교성이 좋다. 약속을 잘 지키며 비교적 정확한 사람으로 법질서를 준수한다. 집에서는 매우 가정적이기는 하지만 열정이 강한 반면에 음간의 특성인 소극적인 면도 있어 지속성이 부족하다.

 매우 이성적이고 합리적이라 우유부단(優柔不斷)해 보이지만, 이중인격자 소리를 들을 정도로 실속은 확실하게 챙기는 스타일이다. 건강 측면에서 보면 소화기 계통이 약해 예민하고 매사에 까다로울 수 있다.

7) 경금(庚金) – 주체성 있고, 독립적이며, 일처리가 빠른 원리 원칙형

경금(庚金)의 형상

경금은 제련되지 않은 큰 바위와 같은 쇠의 형상이다. 위엄, 강력함, 완고함, 변치 않는 지속성 등을 갖고 있다. 우직하고 소신이 강하며, 어떠한 일이든 주저하지 않고 밀어붙이는 편이다. 공사(公私) 구분이 분명하고 원리 원칙적이며, 통솔력이 뛰어나고 결단력과 마무리하는 특성이 강하다.

경금은 의리와 의협심이 있고, 과감하고 냉철하며 강직하다. 원칙을 중시하지만 순수한 면도 있어서 잔머리를 잘 굴리지 못한다. 목(木)이 아이와 같은 천진한 성정이라고 한다면, 경금은 시골스러운 우직함과 강직함으로 표현할 수 있다.

지나치게 고집이 강하며 맺고 끊는 결단성과 의지가 굳어 한번 관계를 맺으면 쉽게 변하지 않는다. 그러나 융통성이 없고 순발력이 부족하다. 폭력적이고 공격적인 면도 있으며 작은 일에는 무관심하기도 하다.

경금의 계절은 가을로 성장을 멈추고 결실을 맺는 시기이다. 여름에 잘 자란 곡식을 수확하는 기운이 경금이다. 목(木)의 계절인 봄과 여름의 계절인 화(火)를 거쳐 펼쳐진 양(陽)의 기운을 제어하는 토(土)의 작용을 거친 후, 이 기운을 수렴하여 단단하게 만드는 일을 한다.

경금은 맑고 깨끗한 물의 생성을 도와 생명체의 성장을 돕거나 불의 힘을 빌려서 보석이나 생필품으로 만들어진다. 성장한 초목을 벌목하여 건축 자재를 만들기도 한다. 가을은 생명체가 죽음으로 들어가기 시작하는 때인데, 이를 주도하는 것이 경금이다. 양에서 음으로 변화시키기 위해 만물을 수축시켜 음(陰) 운동으로 돌리려면 강한 작용이 필요하다. 따라서 경금은 강제적으로 행하는 성질도 있으며, 고치고 바꾸려는 특성도 있다.

　자신의 결정에 문제가 있다 해도 수정을 잘 하지 않는 모난 성격의 소유자이다. 본인이 희생적이기도 하지만, 명예욕이 강하고 독선적이어서 남을 희생시키려다 보니 보이지 않는 적이 많을 수 있다. 고(故) 박정희 전(前) 대통령과 전두환 전 대통령이 실제 경금 일간이다.

　이성을 사귀는 데는 쉽게 정을 주지 않지만, 한번 사랑을 주면 헤어나지 못하는 순애보적인 사랑도 한다. 본인의 표현이 너무 강해서 무모할 때도 있다.

　경금은 스스로 절제하는 능력과 자기주장이 강하고, 혁명가 기질도 다분하다. 너무 완벽을 추구해 주위에 불편을 주기도 한다. 시골스러운 우직함과 강직함으로 동료애도 있고 소속감도 강하다. 직업이 군, 검, 경찰이라면 대성할 수 있다.

8) 신금(辛金) - 변덕, 변신, 새로움 추구, 호불호가 분명한 형

신금(辛金)의 형상

경금을 불로 녹여 보석 또는 날카로운 칼로 다듬은 것이 신금의 형상이다. 쇠를 불로 녹이면 완전히 다른 형태로 바뀌는 성질을 신금 일주에 그대로 대입해 보면, 신금은 새로운 변신을 위해 항상 기회를 엿보면서 은근한 야망을 불태우는 스타일이다.

그러니 사람이 변덕스러울 수도 있고 대인 관계가 어려울 수도 있다. 천간 10간 중에 자신이 최고라는 자아도취에 빠져

남들로부터 눈총을 받을 수도 있으니 항상 겸손하고 부드럽게 상대를 대해야 한다. 변화와 새로운 환경을 추구하다 보니 실패에 대한 두려움으로 인해 다소 소극적인 면도 있다. 이를 이겨 내는 끈기를 갖추는 것이 신금 일주에게는 가장 큰 숙제이다.

남녀 모두 용모가 단정하고 수려해서 이성의 구애를 많이 받는다. 언행이 유순하고 항상 새로운 것을 추구하고 멋을 알아 화려함과 사치를 좋아한다. 머리가 좋으며, 결단력이 있으나 매정하고 자존심도 최강이다. 융통성이 부족해 타인은 물론 자신에게도 엄격한 내면의 잣대를 들이대는 등 비판과 견제의 달인이기도 하다.

몸으로 움직이는 것은 게으를 수 있고 다소 주관적이며, 양보심이 부족하고 뒤끝이 작렬한다. 남자는 잔소리가 심한 편이고 난폭한 성정(性情)이 되기 쉽다. 여성은 맹목적인 자존심 때문에 뒤늦게 후회하는 경우가 많다. 신금 일주는 남녀 모두 남이 알아주기를 바라는 기대심리가 강하다.

순진하지만 서릿발처럼 차가운 냉기 속에 있는 사람이고 외

골수이다. 매우 분명한 성격이고, 치밀하면서 정교해서 세심한 일에 능하다. 정제되지 않은 경금에서 다듬어 낸 신금은 작고 예쁜 보석이라 마음 한쪽에 자만심이 가득 차 있다. 때로는 독불장군과 같은 기상으로 상대를 우습게보거나 경망스러운 행동을 보일 수도 있다. 자신은 항상 값지고 소중한 사람으로 대접받길 원한다. 깔끔한 성격이지만 스케일은 크지 않다.

끝이 뾰족한 신(辛)의 자형(字形)처럼 신경이 예민하고, 신경성 질환으로 인해 불면증에 시달릴 수도 있다. 표현력도 부족하고 조그마한 일도 가슴속에 새겨두는 타입이다. 모든 인간은 귀가 두 개다. 즉, 한쪽 귀로 들었으면 그것을 가슴에 담아 두지 말고 다른 한쪽 귀로 흘려버려야 한다. 신금 일주들은 그렇게 해야 삶이 윤택해질 수 있다.

외형적으로 약해 보이지만 속으로는 단단하고 독한 면도 있고 공격적이다. 또 한편으로는 권위적이고 독설도 서슴지 않고 쏟아내기도 한다. 냉정하지만 칭찬 한마디면 바로 기분이 풀리는 등 매우 단순하고 칭찬에 약하다. 어떻게 보면 가장 까다로운 일주인 것 같지만 다른 한편으로는 가장 다루기 쉬운 일주일 수도 있다.

장점으로는 규칙과 규범을 잘 지키며, 건강상으로는 폐, 기관지, 비위 등이 약하다.

9) 임수(壬水) – 포용력 있고, 논리적이며, 재주 많은 임기응변형

임수(壬水)의 형상

임수의 형상은 천간에서는 호수와 같은 물이다. 지지에서는 해(亥)수와 같아 바다에 비유되니 마음이 넓고 이해심이 많다.

선천적으로 두뇌가 총명하여 창의력이 뛰어나다. 성품이 물처럼 깨끗하고 바다처럼 마음이 넓다. 모든 것을 받아들이는 자세가 좋아 어느 곳에서나 잘 어울리고 사람을 가리지 않는 유연한 성품을 갖고 있다.

웬만한 일은 다른 사람과 동조를 잘 하며, 타협에도 능하여 서로 대립하지 않는다. 모든 사람에게 정을 주며 원만하다. 임수는 망망대해이다. 큰 바다와 큰 강물, 큰 호수, 폭우, 폭설 등을 의미한다. 물이 너무 많으면 몸이 습할 수 있으니 항상 몸을 따뜻하게 해야 한다.

임수는 고여 있지 않은 흐르는 물이다. 물은 어느 그릇에 담든 그릇의 형태에 따라 물의 형태가 변화하듯이 임수 일간도 적응력이 뛰어나다. 또한 물이 장애물을 만나더라도 멈추지 않고 피해서 잘 내려가듯이 임수 일간은 상황에 맞게 일처리를 해나가는 지혜로운 성품을 갖고 있다.

예로부터 말 잘하는 사람을 청산유수라고 하여 물의 흐름에 비유했다. 이처럼 임수 일간을 가진 사람은 이론가나 달변가들이 많다. 사교성과 이해심, 생각이 많으며 비상한 두뇌를 가지고 있다. 침착하고 차분하며 시작을 잘한다. 급하게 서두르지 않고, 계산적이며 계획성이 있다. 유머와 재치도 있고 융통성과 포용력도 있다. 매사에 적극적이고 관심이 많으며, 잘 나서지 않지만 일단 나서면 어려운 일도 잘 처리한다. 성품은 위에서 아래로 흘러내리는 물의 성질을 닮아 겸손하다.

깊은 물속은 그 깊이를 재어 보지 않고는 알 수 없듯이, 임수 일간은 표정의 변화가 없어 속을 알 수 없다. 단점으로는 법, 도덕, 규범을 무시하는 경향이 있고 비밀이 많은 편이며 성격이 차고 냉정하다는 점이다.

물의 성품이 내를 따라 흐르듯 임수 일간은 유랑 벽이 있다. 때로는 사색적이거나 비현실적인 면도 있고, 감정 조절이 잘 안 된다. 한번 틀어지거나 굳어지면 겨울철의 얼음처럼 차갑거나 냉정해진다. 화가 나면 앞뒤를 가리지 않는 등 꾸준하지 못하고 변덕이 심하지만 여간해서는 성질을 잘 내지 않는 편이다.

10) 계수(癸水) -지혜롭고 총명하며 성정이 여림, 어머니 마음, 예민한 형

계수(癸水)의 형상

　계수는 하늘에서 내리는 이슬비이다. 봄비와도 같아 만물을 성장하게 하는 온화한 성품을 지니고 있다. 희생을 감수하는 모성애를 지니고 있어 정이 많고 눈물도 많다. 그로 인해 인정에 치우쳐서 재물 모으기가 쉽지 않다. 특히 계수일간은 남녀 모두 목소리가 나긋나긋하며 자식에 대한 사랑이 남들보다 더 지극정성이다.

현실적이며 실리를 추구하고 매사 신중하기 때문에 안정을 중시한다. 완벽하다고 생각될 때 비로소 행동으로 옮기는 치밀함이 있어 실수를 잘 하지 않는다. 예민한 성격 때문에 꾸중을 들으면 불면증에 시달리기 쉽다. 스케일이 크지 않고 지나치게 깔끔한 성격이 오히려 병이 될 정도다.

겸손이 지나치면 오만으로 보일 수도 있다. 감정적으로 예민하고 경쟁의식도 강하여 누구에게든 이겨야 직성이 풀리는 성향이다. 지혜가 많고 다정다감하다. 임기응변에 능하고 예술적인 감각과 창의력이 있어 어느 한 분야에서 폭발적인 열정과 재능을 발휘할 수도 있다.

계수는 겨울과 봄의 전환점이 된다. 음이 극에 이르면 양이 저절로 열리듯, 계수는 겨울에서 봄으로 가는 이중성이 있어 어둠과 밝음, 명랑함과 우울함이 공존한다.

뒷마무리가 확실하고 맡은 바 소임을 끝까지 잘 해내는 성격이나, 때로는 너무 차갑고 냉철한 이미지 때문에 주변 사람들과 잘 어울리지 못할 수도 있다. 열 개의 천간 중 마지막에 해당하는 계수(癸水)는 마무리하고 저장하는 속성을 가지고

있다. 오행으로는 물에 해당되며 물의 성품은 지(智)를 나타
내므로 지혜로운 천간이다.

시원하고 상큼한 면도 있으며 직감이 탁월한 탓에 자기원
칙에 빠지기 쉽다. 그로 인해 자기의 영감(靈感)으로 상황을
해석하려는 개인 성향이 강하다. 결벽성과 세밀함이 있다.
때로는 활달할 때가 있고 때로는 조용하다. 계수는 인내하
며 노력하는 형이다. 예민하고 감수성이 강하다. 자기의 신
중을 상대에게 잘 드러내지 않아 비밀이 많아 보인다는 오해
도 산다.

기획력이 뛰어나 우수한 참모 역할을 잘 소화해낸다. 반면
남의 말을 잘 듣지 않으며, 이해타산이 빠르고 신경질적인 면
도 강하다. 소극적인 면도 있으나 자존심이 강해 남에게 지기
싫어한다. 마음속으로 모든 것을 개인 위주로 파악하는 등 협
상에 능숙하지 못해 감정에 무너지기 쉽다.

두뇌회전이 대단히 빨라 아이디어를 창출하는 발명가 소질
이 있다. 한번 싫은 사람은 다시 돌아보지 않는 냉정함과 강
한 고집도 있다. 다른 사람의 과오와 결점을 잘 찾아내고 그

로 인해 불평이 많아 남과 화합하기 어렵다. 물이 너무 맑으면 물고기가 살지 않듯이 관용적인 태도와 상대방을 먼저 이해하려는 미덕을 두루 갖춰야 주변에 사람이 늘면서 큰 인물이 될 수 있다.

8. 사주팔자(四柱八字) 자리 궁 살펴 보기

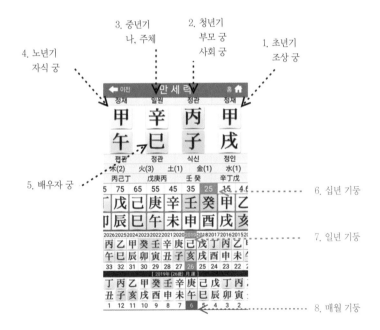

3. 중년기
나, 주체

2. 청년기
부모 궁
사회 궁

1. 초년기
조상 궁

4. 노년기
자식 궁

5. 배우자 궁

6. 십년 기둥

7. 일년 기둥

8. 매월 기둥

1은 사주팔자의 네 기둥 중 첫 기둥으로 본인이 태어난 연도를 뜻하고 초년기 또는 조상 자리라고 본다.

2는 태어난 달(월)이며 부모 또는 청년기를 나타내고, 그 아래 지지 부분을 월지(月支)라고 하는데, 월지에 육친(이 그림에서는 식신)은 사회성을 나타낸다. 일간인 나에게 가장 영향력을 끼치는 자리이다.

지금까지 필자가 만났던 주변 사람들을 대상으로 분석 종합해 보면, 월지가 겁재(劫財)라고 쓰여 있는 사람 중에는 자본 관리가 부족한 사람들이 많았다. 반면에 월지가 정관(正官)인 사람들은 성품도 반듯하고 돈도 꼭 써야 할 자리에 쓰지만, 어떻게 보면 알뜰함이 지나쳐 구두쇠 소리를 듣는 경우도 있었다. 이러한 상관관계를 이 책을 통해 알게 된다면 씀씀이를 경계하고 적절하게 조율하는 지혜가 생길 것이다.

3은 태어난 날짜(일)를 뜻하며 이 자리의 천간은 본인을 뜻한다. 이 일간(日干)[5]이 나, 즉 사주팔자의 주체가 되고, 그

---

5) 일간(日干) : 태어난 날(日)을 가리키는 천간(天干)으로, 명조에 일원이라고 표기된 곳의 명칭이다. 한편 일주(日柱)는 천간과 지지를 아울러 부르는 명칭이다.

주위는 내가 살아가는 주변 환경이다. 가령 내가 목, 화, 토, 금, 수의 오행 중에서 어느 한 오행일 때 주변 환경의 오행들이 나를 도와주는 오행들로 채워져 있다면 일간이 강한 강 사주이고, 주변에 자리 잡고 있는 오행들이 내 힘을 빼앗아 가는 오행들이라면 신약 사주라고 한다.

예를 들어 목의 오행으로 태어났다고 치자. 목은 나무이니, 첫째 조건으로 나무가 자랄 수 있는 물이 필요하다. 햇볕(불)도 있어야 하고 나무가 뿌리를 내릴 수 있는 흙이 팔자(八字) 가운데 있어야 하며, 나무의 열매가 결실을 맺는 단단한 물질에 해당하는 금(金)이 사주팔자에 골고루 들어 있어야 하니, 이런 것들이 갖추어져야 바로 사람이 살아가는 최적의 환경이라고 할 것이다. 사주팔자의 순행 과정이 어렵게 느껴진다면 이처럼 오행의 자연 원리를 생각하면 된다.

4는 마지막 기둥으로 본인이 태어난 시간이다. 말년을 뜻하고, 자식 자리라고 한다.

5의 지지(地支)는 배우자 자리라고 한다.

사주팔자 아랫부분에 위치한 6은 개인의 10년 대운을 가리키는 기둥이다. 10년을 주기로 운이 바뀐다.

이 기둥이 본인의 일간과 너무 겹치는 오행이거나 서로 충(沖)하는 오행이 있다고 해서 10년 대운이 모두 나쁜 것은 아니다. 일부 역술인 중에 이러한 것을 빌미로 부적을 쓰라고 강요하는 예가 간혹 있다. 부적은 그것을 지니고 있을 때 마음의 위안이 될 수는 있다. 즉, 가짜 약을 썼을 때 환자가 진짜 약으로 믿어 좋은 반응이 나타나는 위약효과(僞藥效果) 또는 플라시보 효과(Placebo Effect)가 발현될 수는 있다. 그러나 효과는 결코 맹신할 게 못된다.

10년 기둥 아래에 있는 7은 일 년 운을 가리키는 기둥이다. 사람들은 해가 바뀌면 일 년에 한 번씩 바뀌는 그 해의 운수를 재미로 보기도 한다. 어떤 이는 운수가 좋지 않다고 나오면 일부 역술인들로부터 큰돈을 주고 부적을 사서 지니고 다니기도 한다. 사주팔자는 고대(古代)부터 전해져 내려오는 통계학일 뿐 확실한 결과론적인 학문은 아니다. 이 책을 읽는 독자들도 항상 이를 상기(想起)하면서 스스로의 삶은 주체적으로 재구성할 수 있어야 한다.

마지막 8은 한 달 운을 나타내는 월운(月運)이다. 지금 휴대 전화가 가까이에 있다면 '만세력'을 열고 월운을 한 번 더 클릭해 보자. 그러면 아래와 같은 창이 뜰 것이다.

이것이 만세력 달력인데 여기에는 매일의 오행들이 기록되어 있다. 이따금 평소 때보다 더 감정 기복이 심하다거나 많이 예민해지고 까칠한 날이라고 느껴진다면, 이 만세력 달력을 펴서 그날에 해당하는 오행을 참고하기 바란다. 이미 사주팔자 명조에 많이 있는 오행이라든가, 서로 충돌하는 오행을 만난 날일 수 있다.

예를 들어 나의 일간이 불이고 [천간에 올 수 있는 불, 병(丙)은 양간에 해당하는 큰불이고, 정(丁)은 음간에 해당하는 작은 불이다] 주변에 나를 도와주는 오행(나무)이 별로 없는 아주 약한 사주팔자인데, 그날의 오행에 큰물[亥, 또는 壬]이 들어왔다고 가정해 보자. 물은 불을 끄는 사물이다. 불이 활활 타오르려면 나무라는 땔감이 있어야 하는데, 나무가 없어 불씨도 못 살리는데 물이 들어오는 날이라면 어찌 힘들지 않겠는가.

이런 날에는 자주 밖으로 나와 햇볕을 쬐고 따뜻한 차를 마시면서 여유를 찾고 마음을 다스릴 필요가 있다. 이렇게 오행의 순환 과정을 알면 내 감정을 내가 이해하게 되고 매사에 현명하게 대처할 수 있는 혜안(慧眼)도 덤으로 생긴다.

지금까지 사주팔자 각각의 위치와 이들의 역할을 도표와 그림으로 보면서 상세히 알아보았다. 아직 이해되지 않는 부분이 있다면 위 내용을 여러 번 반복해서 읽어볼 것을 권한다. 그러면 머지않아 주변 사람들의 사주까지 봐 줄 정도로 실력이 늘어난 자신의 모습을 보게 될 것이다.

9. 사주팔자(四柱八字) 월지(月支)의 영향

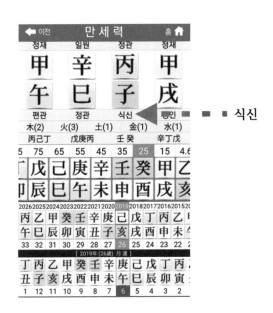

식신

위 그림에서 화살표가 가리키는 월지와 지지(地支) 자리에 한글로 쓰인 것을 대부분 그 사람의 사회 궁으로 본다. 이 그림의 사주팔자에는 '식신'이라고 쓰여 있으니 이 사람의 사회궁은 식신이다. 사주 네 기둥 중에 두 번째 기둥인 월지는 여덟 글자 중에 영향력이 가장 크다. 사주에서 월지를 가장 중요하게 보는 것은 월지의 격이 그 사람의 정체성과 지향성, 타고난 성정, 사고방식, 가치관, 삶의 목표, 성격, 기질 등을 잘 보여주기 때문이다.

1) 상관(傷官)

월지가 상관이라면 머리가 총명하고 다재다능하다. 지시받는 쪽보다는 조직 내에서 지시하는 부류의 직업이 좋다. 상관을 가진 사람들은 칭찬받기를 매우 좋아한다. 따라서 상관을 가진 사람에게 충고할 내용이 있다면 먼저 칭찬부터 하고, 충고를 할 때에는 기분 좋을 정도로 말을 살짝 돌려서 짧고 간단하게 하는 센스를 발휘해야 효과적이다. 만약 여자 사주팔자 원국에 '상관'이 두 개 이상 있다면, 상관은 남편을 극하는 육친이니 부부생활, 또는 남녀가 교제할 때 항상 남자 쪽을 배려하고 본인의 의사를 강하게 내세우는 일은 없어야 한다.

이점을 각별히 주의해서 실천해 나간다면 잦은 다툼을 피할 수 있다.

2) 식신(食神)

식신(食神)은 내가 도와주는 오행이다. 어떤 일을 하는 데 필요한 재능을 나타내기도 하고, 의식주의 신(神)으로 인간이 살아가는 데 기초적인 것이다. 반드시 필요한 재물을 생하는 근원이기에 식신이 있는 사주팔자라면 복이 많다고 할 수 있다.

식신은 심성이 넓고 후덕하며 베풀기를 좋아하며, 풍류가 기질도 있다. 순진함과 순수성도 있으며 먹을 복이 많아 대체로 근심 걱정이 적은 편이다. 그러나 식신은 인정이 많고 감정이 풍부하기 때문에 타인의 부추김과 같은 말에 쉽게 현혹되어 사기를 당할 수도 있으니 특별히 금전 관리에 엄격하게 신경 써야 한다. 단 예외를 들자면 일간의 오행에 따라 심성은 다르게 나타날 수 있다. 만약 신(辛)금 일간이라면 원래의

까칠한 면이 더 두드러져 나타날 수 있다.

3) 정관(正官)

월지가 정관이라면 도덕 선생과 같은 바른 생활을 지향하는 사람이다. 근검절약하는 성향이 있고, 정직하고 성실하며 행실이 반듯한 군자(君子)형으로, 주위로부터 좋은 평을 받는 유형에 속한다. 또한 윗사람을 공경할 줄 알고 부모에게는 효도하며 남녀 모두 매우 가정적인 성향을 가지고 있다.

질서와 예의를 존중하고 명예를 따르며 체면을 중시하는 편이다. 이들은 또한 꼼꼼하고 빈틈이 없다. 책임감도 강해 웬만해서는 법의 테두리를 벗어나는 행동은 하지 않는다. 원리원칙을 중시하다 보니 상당히 완고한 성격의 소유자로 딱딱한 인상을 주기도 한다. 자존심과 고집이 있어서 그렇지, 내면에는 자상함도 함께 가지고 있다. '관'이란 직장을 뜻하니 일반적으로 좋은 직장과 인연이 있을 수 있다.

4) 편관(偏官)

정관이 관료적 성향이라면 편관은 보스 기질이 강한 리더형이다. 의협심도 강해 불의를 보면 참지 못한다. 성격이 급하며, 직설적이고 위압적인 편이라 타협을 잘 못하는 강한 기질을 가지고 있다. 때로는 자신의 강함을 믿고 타인을 낮춰 보는 우(愚)를 범하기도 한다. 매사에 지는 것을 싫어한다.

독립심과 추진력이 뛰어나며 자신만의 매력이 넘치고 솔직한 스타일이다. 목적 달성을 위한 권모술수에도 탁월한 재능을 가지고 있다.

편관은 음양이 조화로운 정관에 비해서 인생에 파란과 굴곡이 많다. 원국 내에서 편관의 힘이 강한 사람은 삶이 예측 불가능하지만, 높은 권력을 쟁취하는 힘이 있다. 편관을 한 단어로 표현하자면 '배짱', '폼'으로 나타낼 수 있다.

돈을 좋아하는 성향이 있긴 있지만, 항상 자기 체면, 폼이 1순위이기 때문에 자기체면을 깎아먹으면서까지 돈을 벌고 싶어 하지는 않는다. 체질적으로 건강한 타입이나, 갑자기 나빠

질 위험이 있으므로 건강관리는 꾸준히 해야 한다.

5) 정재(正財)

월지 정재는 성품이 착하고 성실하며, 두뇌도 영리하고 부
모덕이 있어 초년에 유복하게 자란 경우가 많다. 그러나 전체
다 그렇다는 것은 아니다. 여덟 글자 구성에 따라 예외인 경
우도 있다. 만약 사주팔자 가운데 겁재가 동주(同住)하고 있
다면 복록이 억제될 수 있다. 정재 격이면서 관직에 있으면
관리 면에서 탁월한 통솔력을 발휘한다. 경제관념이 뛰어나
스스로 노력하는 스타일이며 근검절약 정신이 매우 강하다.

명예와 신용이 좋은 편이고 정의와 공론(公論)을 존중하며,
옳고 그름이 분명하여 의협심도 강하다. 정재 격인 사람은
사업보다는 직장 생활이 좋고, 특히 경제, 금융, 재무, 행정
등의 관리 업무에서 두각을 나타낸다. 정재란 한 푼, 두 푼
저축을 통해 모은 정직한 재물을 의미한다.

개인의 풍요롭고 안정된 삶과 단란한 가정을 꾸리는 일을
중시하는 등, 비교적 본받을 만한 사람의 부류에 속한다. 단
점은 말이 앞서는 등 진실성이 부족한 면이 있고, 때론 구두
쇠 소리를 들을 정도로 인색한 면도 있다.

적합한 직업군 – 은행 등 금융업

6) 편재(偏財)

매사에 빈틈이 없으며 기교가 뛰어나 화술도 좋고, 사람들
과의 사교성도 좋아 인기가 많다. 요령 또한 좋아 교묘한 수
단을 잘 부리며 문제도 잘 해결하는 편에 속한다. 한곳에 머
무르지 못하고 분주한 것이 정재와 다른 점이다.

정재는 세심하고 치밀한 반면, 편재는 행동의 선이 굵고 남
다른 소질과 취미도 다양하다. 개척자적인 성격도 강하고 의
리도 있어 남의 일을 내 일같이 도와줄 줄도 안다. 특히 도움
을 받기보다 베푸는 것을 더 좋아하며, 은근히 공치사도 빠뜨
리지 않는 스타일이다.

프로 정신도 강한 편이고 돈을 벌기 위해서는 수단과 방법을 안 가리는 면도 있지만 별다른 악의는 없다. 반대로 돈을 쓸 때는 화끈하게 잘 쓰고 쓸데없이 헤픈 경우가 많다. 특히 의롭다고 생각되는 일과 풍류를 즐기는 데 쓰는 돈은 조금도 아까워하지 않는다.

금전관계나 거래는 깨끗하고 담백하지만, 모험, 투기, 도박, 주색잡기 등을 즐겨하고 일확천금을 노리는 등 패가망신하기 쉬우니, 평소 자기 관리에 특별히 힘써야 한다.

적합한 직업군 – 사업가

7) 비견(比肩)

비견은 형제자매, 친구, 경쟁 상대, 직장 동료 등을 일컫는다. 독주하려는 성향이 강하며 자만심이 높고 고집이 세서 자기 뜻대로 행동하고, 독립심이 강해 타인에게 굽히는 것을 싫어한다.

남에게 의지하지도 않고 지배받는 것 또한 싫어하며, 과감한 결단력으로 행동을 실행하는 편이다. 자기주장을 강력히 내세우고 속이는 것을 싫어하며, 뇌물을 바라지 않는 청렴함이 있지만 바른말을 잘해 주변사람들로부터 미움을 사기도 한다.

규제나 지배받는 것을 싫어하고, 남의 말을 잘 듣지 않고 무시하는 경향이 있다. 남에게 관심 받고 주목받는 것을 좋아한다. 패션 감각이 뛰어나며, 독립심도 강하고 추진력도 매우 뛰어나다. 저돌적인 면도 있고, 칭찬을 즐겨서 남에게 베푸는 것도 좋아한다. 비견이 사주에 많은 사람들은 규제 받는 것을 싫어해서 직장생활은 잘 못 버티는 경향이 있다. 사업을 한다면 돈 관리는 특별히 신중하게 해야 한다.

적합한 직업군 – 기술직, 프리랜서, 행정 공무원, 사업가

8) 겁재(劫財)

내 재물을 빼앗아 간다고 해서 겁탈할 겁(劫), 재물 재(財)자를 써서 겁재라고 한다. 겉으로는 순하게 보일 수 있으나 내면은 강직하고 냉정한 면도 있다. 남이 먼저 자기를 해하지 않는다면 절대 화내지 않는 온화한 인품의 소유자이다.

어떠한 일이 주어진다면 승부 근성도 강해 남에게 절대 지기 싫어하는 타입이다. 야심 또한 큰 편으로 힘차게 치고 올라가는 의지의 화신이다. 의리를 중히 여기고 신용이 반듯하니 주위로부터 칭찬을 듣기도 한다. 맺고 끊음이 너무 분명하여 사람들로부터 두려움의 대상이 되기도 하지만, 리더십도 뛰어나 무슨 일이든 결단성 있게 잘 이끌어 가는 것이 장점이다. 그러나 여기에도 예외는 있다. 만약 사주팔자에 정관이나 편관이 없는 무관(無官) 사주라면 결단성이 결여될 수도 있다.

씀씀이가 크다. 돈을 모아서 미래를 도모하기보다는, 현재 자신을 잘 보이기 위해 주변 사람들에게 호탕하게 돈을 쓰니 돈 관리가 잘 안 되고, 소비와 낭비벽이 심하며, 투기나 요행을 바라는 횡재수를 좋아한다. 고집이 너무 세서 주변 사람들을 힘들게 할 수 있으니 항상 고집을 내려놓는 습관을 들여야 한다.

적합한 직업군 – 자유직업, 전문직, 직업 군인, 경찰, 기술자

9) 정인(正印)

정인은 부모와 스승을 뜻하기도 하며, 공부의 신(神), 문서 등을 나타내기도 한다. 어머니 같은 마음이어서 인정이 많고 자비심도 풍부하다. 인품이 정직하고 순박하여 선량한 성품으로 이해심이 많고 사려도 깊어 주변 사람들의 모범이 된다.

승부욕이나 결단성, 과감성 면에서는 조금 부족할 수 있으나, 봉사 정신이 강하고 계산 능력이 뛰어나다. 두뇌가 비상하고 호기심이 왕성하여 탐구에 대한 욕심이 많다. 눈썰미가 좋아 한번 했던 일에는 완벽하리만큼 결과를 만들어 내며, 항상 밝고 긍정적인 사고방식을 가지고 있다. 자신의 실력을 너무 믿어 타인을 무시하는 결점이 있기도 하다.

많이 아는 것을 좋아해서 학문을 즐기는 전형적인 학자풍 선비이다. 지나치게 깔끔한 것이 흠이며 고집이 세고 자기 위주로 생각하는 경향이 있다. 학문적 자질이 있어 학문으로 성공할 수 있으니, 자기의 결점을 다스리고 장점을 살리는 태도를 취한다면 대성할 수 있다.

적합한 직업군 – 교육자, 지식 분야 사업가

10) 편인(偏印)

편인은 임기응변이 강하고 눈치가 빨라 기회 포착 능력이 뛰어나다. 두뇌 회전이 빠르고 순발력이 있지만 겉으로는 잘 드러내지 않는 편이다. 타인의 인식에 크게 관여하지 않으며 자신의 만족을 위해 노력하는 형이다. 잠재된 재능과 연구력이 뛰어나고, 사물을 수용하고 이해하는 데 소질이 많다.

시작은 먼저 하지만 끝맺음은 잘하지 못해 용두사미가 되는 경우가 많다. 일 추진에 있어서도 계획이 자주 바뀌는 등 인내력이 부족하다. 스스로 판단하고 스스로 포기하는 스타일이다. 본인의 머리를 너무 과신해서 성급한 판단을 내리기 때문이다. 그러나 사주팔자 기운에 관(官)이 자리를 잘 잡고 있다면 이와 반대 현상이 나타날 수 있다.

편인은 대체적으로 신비주의에 관심을 드러내고 학문 또한 그런 쪽에 관심이 많다. 치우친 생각이나 고독한 성품을 갖고 있다. 사색을 즐기며 형이상학적인 곳에 관심을 쏟는 편이다.

성질은 급하고 완고한 면도 있는 등 고정성이 없다. 언제 어떻게 바뀔지 모르는 예측 불허 기질의 소유자다. 항상 인격 수양에 힘써 노력하고 끈기와 인내를 기른다면 크게 성공할 수 있다. 편인은 초지일관(初志一貫)을 좌우명으로 삼아야 한다.

적합한 직업군 – 철학자, 교육자, 종교가, 예술가, 침술사, 한의사 등 특수 전문 기술자

10. 부족한 오행, 어떻게 하면 채울 수 있을까?

오행은 다섯 가지 에너지이다. 그것들이 가지고 있는 힘들이 서로 충돌하고 화합하는 작용들을 완전히 무시할 수는 없지만, 그렇다고 대응책이 아주 없는 것은 아니다. 나에게 없는 오행도 우리가 살아가고 있는 공간 속에서 얼마든지 보충할 수 있다.

★물(水)이 부족할 때

만약 사주팔자 속에 물이 부족하다면 평소 물을 자주 마시면 좋다. 그런 습관이 어렵다면 집안 거실에 어항을 설치하여 부족한 물을 채우는 것도 한 방법이다. 이마저도 여의치 않다면 물이 있는 그림을 본인이 자는 방 안에 걸어 두어도 된다.

★나무(木)가 부족할 때

나무가 부족하다면 집에 키가 크지 않은 행운목이나 화초를 키우는 것도 좋다. 아니면 베란다에 작은 정원을 가꾸거나, 주말이나 시간 여유가 있을 때마다 가까운 곳으로 산행을 하면서 부족한 목(木)의 기운을 채워도 좋다.

★불(火)이 부족할 때

사주팔자에 불이 없다면 잠잘 때 조그마한 조명등을 켜고 지는 것이 좋다. 핫 팩이나 물수건을 전자레인지에 데워서 5분 정도 배꼽 위에 올려놓고 시계 방향으로 매일 찜질해 주면 몸이 차가운 것도 어느 정도 보완이 된다. 사주팔자에 불이 없는 사람은 나이가 들어 건강을 잃고 뒤늦게 후회하지 않도록 꾸준히 하루에 5분씩 찜질하는 습관을 들이도록 하자.

★흙(土)이 부족할 때

흙이 없는 사람은 흙으로 된 길을 평소에 많이 걷는 것을 생활화하면 좋다. 그것이 어렵다면 화분이라도 몇 개 기르면서 화분의 흙 기운을 손으로 느끼며 채워 주는 것도 좋다. 가까운 곳에 텃밭을 일구고 가꾸는 것도 상당히 도움이 된다. 마당이 있는 주택에 사는 것도 하나의 방법이 될 수 있다.

★쇠(金)가 부족할 때

쇠가 부족하거나 아예 없을 때는 금속으로 된 손목시계를 차도 좋고, 아이들 장난감 중에 쇠로 만든 로봇 같은 것을 본인이 자는 방에 몇 개 놔두는 것도 좋다. 이 외에도 금테 안경을 착용하거나 장식용으로 만든 쇠로 된 종 모양 같은 것을 가까이 두는 것도 상당히 도움이 된다. 쇠붙이와 관련된 그림이 있는 액자를 벽에 걸어 두어도 좋다.

이렇듯 오행은 우리 주변에서 흔히 구할 수 있는 사물로 간단하게 얼마든지 보충이 가능하다. 이것을 모르면 일부 역학인들의 말에 휘둘려 효과도 전혀 없는 부적 같은 것을 거금을 주고 사는 일이 벌어질 수도 있다. 오행의 균형을 맞춰 주는 것은 본인의 건강과 직결될 정도로 매우 중요하다.

II. 색깔로 오행 균형 맞추기

1) 오행이 없거나 부족할 때

목(木)은 나무로, 숲을 떠올리면 된다. 사주팔자에 목이 부족하다면 목과 같은 색깔인 초록색이나 나무가 자라는 데 도움을 주는 물에 해당하는 검은색 계통의 옷을 입으면 좋다(水生木). 다만 사주에 물이 많다면 검은색 옷은 피하는 것이 좋다.

화(火)는 불이니 붉은색이다. 부족한 화 기운을 채워 주려면 붉은색 계통이나 불이 활활 타오르도록 도와주는 나무 색깔인 초록색이 도움이 된다(木生火). 다만 사주에 이미 목(木)이 많다면 초록색은 피하는 것이 좋다.

토(土)는 흙이니 황토색이다. 본인이 자주 소유하는 물건이나 의상을 황토색으로 채워 주는 것이 좋다. 흙을 생하는 불의 색깔인 붉은색을 가까이하는 것도 도움이 된다(火生土). 붉은색을 가까이하는 것이 좋은 경우는 사주에 불의 기운이 많지 않은 사람들에 한한다.

금(金)은 흰색이다. 따라서 사주팔자에 금이 부족하면 순백색을 가까이 하면 되고, 금을 생하는 흙색깔인 황토색도 도움이 된다(土生金). 다만 사주에 토가 많다면 황토색은 피하는 것이 좋다.

수(水)는 물이며 색깔로는 검은색이다. 그러므로 수가 부족한 사람은 검은색이나 물을 생하는 금의 색깔인 흰색 옷을 입는 것이 도움이 된다(金生水). 이때도 사주에 금이 부족한 사람에 한해 흰옷을 가까이 하도록 하자.

2) 오행이 3개 이상 있을 때

반대로 각각의 오행이 세 개 이상으로 많으면 이들과 서로 상충하거나 서로의 힘을 빼 줄 수 있는 관계로 색깔을 맞춰

나가면 된다.

목(木/초록색)이 많다면 초록색을 제거해 줘야 한다. 금(金/흰색)은 도끼 같은 형상으로 나무를 찍어 베어 낼 수 있기 때문에 과다한 나무의 힘을 통제한다. 금은 흰색이니 흰색 옷을 입는 것이 좋다. 나무가 뿌리를 내리려면 흙을 파헤치면서 뻗어 나가야 한다. 목(木)은 토(土)를 극하니(木剋土) 목의 기운을 빼내는 흙의 색깔인 황토색도 좋다. 나무는 불을 피우는 땔감으로 쓰이기도 하니(木生火) 불의 색깔인 붉은색도 도움이 된다.

화(火/붉은색)가 많다면 불의 기운을 제어해야 하니 수(水/검은색)로 다스려야 한다. 불의 힘을 빼기 위해서 화(火)는 토(土)를 생하니(火生土) 흙의 색깔인 황토색이 좋다. 불이 쇠를 녹이는 역할을 하니(火剋金) 쇠의 색깔인 흰색도 좋다.

토(土/황토색)가 많을 때 흙의 힘을 빼 주는 목(木/초록색)이 좋다. 흙은 물을 가두는 제방 역할을 하니, (土剋水)로 물의 색깔인 검은색도 좋다. 흙은 쇠를 생하니(土生金) 금의 색깔인 흰색도 좋다.

금(金/흰색)이 많다면 쇠를 녹이는 화(火/붉은색)가 좋다. 쇠는 물을 생하니(金生水) 쇠의 에너지를 빼내는 수(水/검은색)도 좋다. 쇠는 도끼 같은 물상도 된다. 나무를 베어 내면서도 쇠(金剋木)의 넘치는 기운을 빼낼 수 있으니 목(木/초록색)도 좋다.

수(水/검은색)가 많을 땐 물을 가두는 제방 역할을 하는 토(土剋水)의 색깔인 황토색도 좋다. 물은 나무를 기르는 역할을 하니, 물을 필요로 하는 목(木/초록색)도 좋고, 물은 불은 끄는 데도 동원되니 불(水剋火)의 색깔인 붉은색도 좋다.

이처럼 본인의 사주팔자 중에 부족하거나 너무 많은 오행이 있다면 색을 활용해 보강하거나 제어하는 방법이 있다. 부족한 오행을 보강할 수 있는 적절한 그림을 액자에 넣어 걸어 두는 것도 한 방법이다.

12. 개명보다는 호(號)를 지어 오행의 균형을 맞춰라

일이 순조롭게 풀리지 않는 원인이 좋지 않은 이름 때문이라는 등의 이유로 개명을 하는 사람이 점차 늘고 있다. 그러나 지금까지 본인이 써 오던 이름을 바꾸는 것은 쉽지 않은 일이다. 개명의 법적 절차가 복잡할 뿐 아니라, 개명 허가를 받은 후에도 직장이나 은행, 자신이 가입한 인터넷 사이트 등의 각종 개인정보를 일일이 변경해야 하는 번거로운 문제가 남는다. 이름이 좋지 않다고 해서 반드시 개명을 해야만 하는 것은 아니다. 이럴 때에는 번거로운 절차를 밟아야 하는 개명보다 호(號)를 지어서 오행의 균형을 맞출 것을 권장한다.

본인의 호(號)를 직접 짓는 방법의 하나로 간단한 앱을 활용하는 방법을 소개한다. 앱 검색창에 '명앤명PRO'를 검색하여 설치하자. 간단한 인증 절차를 거친 후 접속하면 아래와 같은 화면이 나온다. 화살표가 가리키는 '무료이름풀이'를 클릭하자. 반드시 '명앤명PRO'가 아니더라도 '무료 작명'이라고 검색하면 여러 곳이 있다. 선택은 독자 여러분들에게 맡기고 여기에서는 '명앤명PRO'의 순서를 소개하겠다.

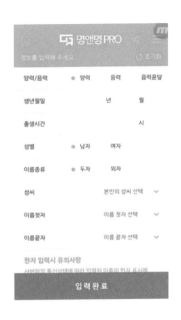

　위의 화면에서 양력과 음력을 체크하고 본인의 생년월일과
출생 시간, 이름을 입력한다. 한글을 입력하면 화면 오른쪽
에 선택할 수 있는 한자 목록이 나열된다. 해당하는 한자를
모두 선택한 후 입력완료를 누르면 아래와 같은 화면을 볼
수 있다.

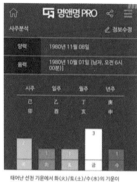

사주분석 ✎ 정보수정

| 양력 | 1980년 11월 08일 |
| 음력 | 1980년 10월 01일 [남자, 오전 6시 00분)] |

시주	일주	월주	년주
己	乙	丁	庚
卯	酉	亥	申

태어난 선천 기운에서 화(火)/토(土)/수(水)의 기운이 약합니다. 따라서 후천 기운인 이름에서 토(土)를 자원오행으로 하는 한자를 선택하여 1차적으로 부족한 기운을 보강하는 것을 권유합니다.

이름 요약 정보

| 이름 | 홍 | 길 | 동 |
| 한자 | 洪 | 吉 | 桐 |

이름 요약 정보

이름	홍	길	동
한자	洪	吉	桐
한자뜻	넓을, 큰물, …	길할, 좋은	오동(나무)
한자획수	10	6	10
획수음양	음	음	음
자원오행	水	水	木
발음오행	土	木	火

수리오행 풀이

초년운	16	덕망격(德望格)	吉
장년운	16	덕망격(德望格)	吉
중년운	20	공허격(空虛格)	凶
말년운	26	영웅격(英雄格)	凶

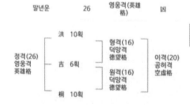

정격(26)
영웅격
英雄格

한글이름 발음오행 분석 - 좋음

한글 이름의 발음오행 조합을 분석해 보면 성씨 오행(土)과 이름의 첫글자 오행(木)은 서로 상극(相剋) 관계이며, 이름의 첫글자 오행(木)과 이름의 끝글자 오행(火)은 서로 상생(相生) 관계를 이루고 있습니다. 이 경우는 중길(中吉) 조합에 해당되어 한글 이름의 구성조합이 서로 조화를 이루고 발음의 기운도 순조로워 이름에서 활력이 생겨나니 좋은 한글 이름이라 할 수 있습니다.

한자이름 획수음양 분석 - 나쁨

이름 한자획수의 음양 조합이 3:0의 비율로 조화를 전혀 못 이루고 있어 이름 한자의 획수 선택이 잘못된 경우라 하겠습니다. 획수의 음양이 조화를 못 이루고 음 또는 양 어느 한쪽으로 편중된 경우에 해당하므로 다른 한자를 선택하셔서 음양의 조화를 맞출 수 있도록 권유합니다.

이름에서 1세~20세(원격)에 해당하는 초년운은 16수리의
덕망격(德望格)으로서 좋은 운을 유도하며,
21세~40세(형격)에 해당하는 장년운은 16수리의
덕망격(德望格)으로서 좋은 운을 유도합니다. 또한
41세~60세(이격)에 해당하는 중년운은 20수리의
공허격(空虛格)으로서 나쁜 운을 유도하고, 61세
이후(정격)에 해당하는 말년운은 26수리의 영웅격(英雄
格)으로서 나쁜 운을 유도합니다. 즉 한자이름의 획수를 놓고
볼 때 인생의 절반이 나쁜 운으로 흐르며, 특히 말년운이 매우
좋지 않기에 다른 한글/한자 조합의 이름을 선택하시기를
권유합니다.

한자이름 자원오행 분석 - 보통

타고난 선천기운인 사주분석 결과 귀하의 필요한 오행기운은
화(火)/토(土)/수(水)입니다. 후천기운인 이름한자, 즉
자원오행에서 필요한 수(水)의 기운을 보강하고 있으므로
선천기운과 후천기운이 조화를 비교적 잘 이루고 있습니다.

일간 특성

본인은 물상적 상징으로 '꽃나무' 혹은 '과실목'과 같습니다.
성품의 기본 특징으로는 참모, 책임자, 교육자의 자질을
지니고 있습니다. 기본 성향은 창의적이고 기획력이
뛰어나며, 진취적이고 미래지향적인데다 젊은 것을
좋아합니다. 직업 및 적성분야로는 교육, 출판, 언론, 문학,
건축 등이 본인의 타고난 기질과 잘 맞습니다.

위 그림은 1980년 11월 8일에 태어난 홍길동이라는 가상의
인물 정보를 입력한 결과이다. 사주를 구성하고 있는 오행 요
소를 한눈에 알 수 있는 그림과 함께 간략한 설명을 제시하고
있다. 또 초년운, 장년운, 중년운, 말년운의 각 시기별로 운이
길한지 흉한지도 알 수 있도록 되어 있다. 제시된 설명을 참
고하여 자신의 이름에서 부족한 부분을 보완할 수 있는 다양
한 호를 입력해 본다. 이러한 방식으로 흉(凶)이라고 나오는
부분이 길(吉)로 바뀔 때까지 여러 번 수정하여 본인의 생년
월일에 적합한 호를 하나 짓는 것이다. 그리고 주변 지인들에

게 이름보다는 호를 불러 줄 것을 부탁하면 부족한 오행이 채워지면서 길한 운을 불러들일 수 있다.

안타까운 얘기지만, 필자의 지인 중에 한 분은 이름이 말년 운이 좋지 않다고 나왔다. 그래서 길한 이름으로 바꿀 것을 권했지만, 집안의 돌림자를 넣은 이름이기에 바꿀 수 없다고 했다.

돌림자 이름을 지을 때 한글 음을 따를 수는 있지만 한자까지 같은 돌림자를 정해 놓고 이를 따르는 것은 사주 상으로 좋지 않다. 한자의 획순과 그 한자가 가진 오행이 이름을 짓는 데 중요한 역할을 하고, 집안 구성원들이 태어난 연월일시가 각각 다른데 특정 한자를 돌림자로 정해 두면 조화롭지 못한 사주를 갖게 되기 쉽다.

따라서 돌림자를 적용하더라도 글자의 음은 따르되, 개인이 태어난 연월일시에 맞게 한자는 훈을 선택하여 짓도록 하는 것이 명리학적으로는 바람직할 수 있다.

요즘 일부에서는 좋은 날, 좋은 시간을 택해 출산할 때를 정하기도 한다. 그러나 출산일보다는 사람이 잉태되는 태월(胎月)이 더 중요하고, 임신을 준비할 때부터 정갈하고 경건한

마음을 갖는 것이 더 중요하다. 출산이 제왕절개로 이뤄지는 경우 대부분 의사의 스케줄에 맞추다 보니 낮에 출산하는 것이 일반적이다. 그러나 이는 음양의 균형을 깨트리는 요소가 된다.

가장 많이 선호하는 출산 시간대는 사시(巳時, 09:30 ~ 11:30), 오시(午時, 11:30~13:30), 미시(未時, 13:30~15:30)로, 이 시간대의 오행은 불(火)에 해당된다. 이 때문에 일부 역학인들은 요즘 아이들이 가장 햇볕이 뜨거운 시간대에 태어나다 보니 참을성이 부족하고 욱하는 성격의 소유자가 많다고 입을 모아 걱정한다.

13. 배우자와의 궁합보는 법

궁합은 일간을 중심으로 보는데, 사주팔자에 구성된 오행들 중에 본인에게 없는 오행을 상대가 가졌다면 좋은 것으로 여긴다. 예를 들어 여자에게 불이 많은데 상대 남자 또한 불이 많다면 이 경우는 궁합이 좋지 않다고 본다.

〈남자〉　　　　　　〈여자〉

위의 사주를 보면 남자는 나무가 많은 반면 쇠(金)가 하나도 없다. 반면에 여자는 나무가 하나밖에 없는 대신 남자에게 없는 쇠(金)가 세 개나 된다. 이렇게 상대방의 부족한 오행을 채워 준다면 두 사람의 궁합은 비교적 좋다고 할 수 있다.

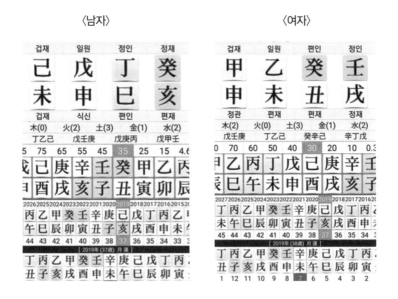

위의 사주를 보면 남자에게 없는 목(木)이 여자에게는 두 개나 있다는 점에서 비교적 좋을 수 있지만, 흙(土)은 두 사람 모두에게 세 개씩이나 있다. 이런 경우는 좋은 궁합이라고 할 수 없다.

이성을 만나고 배우자를 고르는 과정에서 궁합을 보는 경우가 많이 있는데, 이러한 사주 구성 요소에 대한 기본적인 지식이 있다면 두 사람이 서로에게 도움을 줄 수 있는 궁합인지 그렇지 않은지 정도는 간단하게 파악할 수 있다. 그러나 가장 바람직한 것은 정해진 궁합을 맹신하여 부화뇌동하기보다 배우자의 일간(일원)에 나타난 오행의 성격을 알고, 그 성격을 인정해 주고 서로 배려하며 사는 것이다.

특히 궁합을 보지 않은 상태에서 이미 결혼하여 살고 있다면 이 책을 통해서 상대방과 나의 일간에 드러나는 성격 성향을 파악해서 서로 맞추어가는 자세가 중요하다.

세상에 바꿀 수 없는 것이 두 가지가 있다.
첫째는 나의 과거를 바꿀 수 없고, 둘째는 상대방을 바꿀 수 없다.

그러나 세상에 바꿀 수 있는 것도 두 가지가 있다.
첫째는 나의 미래를 바꿀 수 있고, 둘째는 자기 자신을 바꿀 수 있다. 공연히 바꿀 수 없는 상대방을 바꾸려고 노력하는 헛수고를 하지 말고, 바꿀 수 있는 자기 자신과 나의 미래 변화를 위해 노력한다면 부부관계도 점차 좋아질 수 있을 것이다.

에필로그

인간은 자연 앞에서 한없이 나약한 존재이다. 명리학은 이처럼 나약한 인간에게 등대와 같은 길잡이 역할을 해왔다. 그리고 다가올 운명(運命)을 소망하거나 길흉화복을 대비할 수 있도록 해주었다. 그런 면에서 명리학은 분명히 가치 있고 유용한 학문임에 틀림없어 보인다. 그럼에도 아직까지 명리학을 얄팍한 지식을 가진 일부 역술꾼들의 점술서 정도로 저급하게 취급하는 세태를 보면 안타까운 생각이 든다.

사주팔자는 음양오행이라는 자연환경과 우주질서 속에서 자연스럽게 정착된 학문이다. 따라서 사주는 사계절이 흐르듯, 본인의 확인된 오행 배열을 토대로 운명과 환경을 곁들여 해석해야 옳다. 사주팔자는 통계학이다. 실제로 주변인들의 사주를 풀이해 보면 상당수 맞는 경우도 있지만 전혀 맞지 않는 경우도 있다. 그러나 일간을 중심으로 본인에 해당하는 오행의 성격을 연관 지어 살펴보면 일간의 적중률은 70% 이상으로 일기예보 46%(환경부 국정감사 결과) 적중률보다 훨씬 더 높다.

반면에 사주가 좋지 않은데도 잘 사는 사람들이 있고, 그 반대의 경우도 존재한다. 이렇게 사주를 뛰어넘어 길한 운을 불러들이는 사람들의 공통점은 수신(修身)을 잘하거나 다른 사람을 위해 배려하고 봉사하는 삶을 사는 사람들이다. 이처럼 본인이 노력하면 타고난 운명과 사주팔자를 뛰어넘는 삶을 살아갈 수 있다.

사주는 맹신해서도 안 되지만, 그렇다고 완전히 무시할 필요도 없다. 필자의 경우 사주 명리학의 원리를 모르던 시절과 달리, 음양오행의 작용 원리를 알게 된 지금은 우주의 일부인 나를 이해하고 오행의 흐름에 맞게 때로는 근신(勤愼)도 하고, 때로는 절제도 하면서 경외(敬畏)하는 마음가짐으로 살아가고 있다.

중국 고서를 읽다 보면 같은 원문이라도 완전히 다르게 번역해 놓은 경우를 종종 보게 된다. 마찬가지로 역술인들도 유튜브에서 같은 명리학 강의를 하지만 그 내용이 같지 않고 오히려 상충되는 경우를 보곤 한다. 중국 고서를 제대로 번역하기 어려운 것처럼 명리학도 그렇게 쉽게 통달할 수 있는 학문이 아니라는 반증이기도 하다.

행복과 불행의 씨앗은 남이 아닌 나로부터 시작된다. 4차 산업혁명은 흔히 융합에 달려있다고 한다. 융합을 이루며 시너지 효과를 발휘하려면 본질을 돌아보는 자기 혁명이 우선

되어야 한다. 이는 스펙보다 인성을 더 중요시하는 기업의 입장과도 별반 다르지 않다.

인생은 어찌 보면 나를 알고 상대를 알아가는 과정의 연속이다. 무엇보다 중요한 것은 매순간 난관이 닥칠 때마다 현명하게 대처하는 지혜를 우리는 경험으로 배우게 된다. 그런 면에서 볼 때 주역이 제시하는 사주팔자는 온고지신의 삶을 살아가는 이정표로서도 충분한 가치와 역할을 하고 있다고 본다.

사람은 누구나 성공을 꿈꾼다. 그리고 저마다의 행복을 추구한다. 명리학은 인간이 행복해지는 방법을 찾는 데 유용한 학문임이 분명하다. 많은 사람들이 명리학을 토대로 스스로의 삶을 주체적으로 재구성한다면 우리는 지금보다 더 행복한 삶을 살아갈 수 있다. 그 과정에서 이 책을 가까이 두고 참고한다면 나름 나침판 역할을 충분히 해낼 것이라고 믿는다.

끝으로 필자가 좋아하는 한자성어로 마무리하려고 한다. '마음의 덕이 운명을 이긴다'는 심덕승명(心德勝命)이라는 사자성어다. 마음의 덕을 쌓으면 운명도 바꿀 수 있다는 뜻이다. 인간의 삶은 유한하다. 우리네 인생 또한 뜻한 대로만 살수도 없다. 그러나 운명까지 바꿀 정도로 마음의 덕을 쌓으며 남을 위해 배려하고 봉사하는 삶을 살아간다면 사는 동안 누구든 사주팔자를 뛰어넘는 멋진 인생을 살아갈 수 있을 것이다.